colección

BFV ■ Biblioteca de la Filosofía Venidera
dirigida por Fabián Ludueña Romandini

Esta colección quiere abarcar en su espíritu obras que, como quería Walter Benjamin, intenten reflejar no tanto a su autor sino más bien a la dinastía a la cual éstas pertenecen. Dinastías que otorguen los instrumentos para una filosofía por-venir donde lo venidero no sea sólo una categoría de lo futuro sino que también abarque lo pasado, suspendiendo la concepción moderna del tiempo cronológico a favor de una impureza temporal en cuyo caudal pueda tener lugar la emergencia de un pensamiento inactual e intempestivo, capaz de mostrar la potencia filosófica oculta en todas las tradiciones del conocimiento. Filosofía, entonces, como el arte de la fabricación de nuevos conceptos, donde la novedad es siempre entendida tomando en cuenta su anacronismo fundamental y su perpetua inclinación a la polémica.

Foro Bitácora
de la BFV

Colección
de la BFV

Diseño y composición: Gerardo Miño

Edición: Primera en castellano, Marzo de 2024
Título original: "La philosophie française", publicado en *Revue de Paris*
(15 mayo 1915, pp. 236-256)
Lugar de composición: Suipacha, Pcia. de Buenos Aires
Lugar de impresión: Barcelona / Buenos Aires

ISBN: 978-84-19830-54-8
e-ISBN: 978-84-19830-55-5
Depósito Legal: M-3259-2024
Código Thema: QDHR [Modern philosophy: since c 1800]

Página web: www.minoydavila.com
Facebook: http://www.facebook.com/MinoyDavila
Mail producción: produccion@minoydavila.com
Mail administración: info@minoydavila.com
Oficinas: Tacuarí 540
(C1071AAL), Buenos Aires, Argentina.
tel-fax: (54 11) 4331-1565

BFV ■ Biblioteca de la Filosofía Venidera

HENRI BERGSON - ÉDOUARD LE ROY

La filosofía francesa

Estudio preliminar, traducción
y notas de Jorge Martin

MIÑO y DÁVILA
◆ E D I T O R E S ◆

ÍNDICE

Introducción

El opúsculo "La filosofía francesa" presenta varias particularidades, algunas de las cuales solo pueden ser comprendidas si se conoce el peculiar contexto en el que fue redactado. Del 20 de febrero al 4 de diciembre de 1915, se desarrolló la Exposición Universal de San Francisco, en California. En esa oportunidad se celebraba, por un lado, la inauguración del Canal de Panamá que había tenido lugar el año anterior (por eso, también se la conoce como la Exposición Internacional Panamá-Pacífico) y, por otro, la reconstrucción de la ciudad de San Francisco, luego del atroz terremoto de 1906[1].

Una vez iniciada la Primera Guerra Mundial, e involucrada en ella, Francia no estaba en condiciones de contribuir a la Exposición con recursos materiales y tecnológicos. Sin embargo, las autoridades políticas comprendieron que su país podía colaborar en el plano cultural y científico. De ese modo, se conformó una amplia biblioteca con las obras más representativas de la historia y de la actualidad del pensamiento francés, a la que se sumó un conjunto de folletos para ser entregados a los visitantes de la Exposición. En ellos, diversos especialistas exponían, de manera sucinta, los desarrollos de las distintas disciplinas científicas cultivadas en el país. Esos treinta y

---

1   En *Las dos fuentes de la moral y de la religión*, Bergson hace referencia a este sismo: "William James se encontraba en California en el momento del terrible terremoto de abril de 1906, que destruyó una parte de San Francisco" (*Les deux sources de la morale et de la religion*, PUF, Paris, 2008, p. 161). A continuación, traduce su texto titulado: "On some mental effects of the earthquake".

tres trabajos se publicaron, ese mismo año de 1915, en una obra en dos volúmenes titulada: *La ciencia francesa*[2].

El texto sobre la filosofía francesa se le encomendó a Henri Bergson (1859-1941), quien contó con apenas unos pocos días para escribirlo y debió limitar su redacción a un determinado número de páginas. Antes de incluírselo en el libro mencionado con anterioridad[3], tuvo una primera edición en la *Revue de Paris*[4]. Años después (1933), en otro contexto histórico muy complejo, Bergson reeditaría con su discípulo, el matemático Édouard Le Roy (1870-1954), una nueva versión revisada de la obra[5].

En las tres recopilaciones que se han realizado de los escritos "menores"[6] de Bergson (*Écrits et paroles, Mélanges* y *Écrits philosophiques*) se encuentra el opúsculo "La filosofía francesa"[7]. En la presente edición, la primera en español de la que tenemos noticia, tomamos como base de la traducción el texto de 1933, pero registramos en notas a pie de página todas las variantes que presentaba la versión previa de 1915 (al igual que las ediciones de *Mélanges* y de *Écrits philosophiques*).

A diferencia de las tres recopilaciones francesas mencionadas, hemos incluido la bibliografía de las ediciones de 1915 y de 1933. Por último, completa este volumen un apéndice con cinco textos que iluminan el opúsculo desde diversas perspectivas: una carta de 1910 de Bergson a J.V. Norström[8]; el informe de presentación del volumen

---

2   *La science française*, Librairie Larousse, Paris, 2 vol., 1915.

3   Luego de la Introducción de Lucien Poincaré, el texto de Bergson es el primero de la colección. Ocupa las pp. 15-37 del primer volumen.

4   *Revue de Paris*, 15 de mayo de 1915, pp. 236-256.

5   "La philosophie", en *La science française*, Librairie Larousse, Paris, 1933, pp. 1-26.

6   Es decir, de los textos que no están comprendidos en los ocho libros publicados por él (*Ensayo sobre los datos inmediatos de la conciencia; Materia y memoria; La risa; La evolución creadora; La energía espiritual; Duración y simultaneidad; Las dos fuentes de la moral y de la religión; El pensamiento y lo moviente*).

7   "La philosophie", en Henri Bergson, *Écrits et paroles*, PUF, Paris, 1958, vol. II, pp. 413-436; "La philosophie française", en Henri Bergson, *Mélanges*, PUF, Paris, 1972, pp. 1157-1189; "La philosophie française", en Henri Bergson, *Écrits philosophiques*, PUF, Paris, 2011, pp. 452-479.

8   Henri Bergson, *Correspondances*, PUF, Paris, 2002, pp. 346-350; *Écrits philosophiques*, pp. 380-384.

"La ciencia francesa" que hizo el filósofo en 1915[9]; dos pasajes del libro *Conversaciones con Bergson*, de Jacques Chevalier[10]; la conferencia radiofónica dada por Bergson en 1934 y titulada: "Algunas palabras sobre la filosofía francesa y sobre el espíritu francés"[11]; y, por último, el "Mensaje al congreso Descartes" que redactó Bergson como presidente honorario del Congreso internacional de filosofía de 1937[12].

¿Un discurso de guerra?

Como hemos mencionado, la primera versión de este escrito se redactó durante la Primera Guerra Mundial, es decir en un contexto de máxima hostilidad entre Francia y Alemania. No hay duda de que este fue un acontecimiento decisivo en la vida y en el desarrollo intelectual de Bergson. Años después, en *Las dos fuentes de la moral y de la religión* (1932), recordaría el momento en que se enteró del comienzo del conflicto bélico:

Niño aún en 1871, al término de la guerra, y durante los doce o quince años que siguieron, yo, igual que todos los de mi generación, consideré como inminente una nueva guerra. Después, esta guerra nos pareció, a la vez, como probable e imposible; idea compleja y contradictoria que persistió hasta la fecha fatal. Por otra parte, no suscitaba en nuestra mente ninguna imagen, fuera de su expresión verbal. Conservó su carácter abstracto hasta las horas trágicas en que el conflicto apareció como inevitable, hasta el último momento, cuando se esperaba contra toda esperanza. Pero cuando, el 4 de agosto de 1914, al desplegar un número de *Le Matin*, leí en letras grandes: "Alemania declara la guerra a Francia", tuve la repentina sensación de una invisible *presencia* que todo el pasado habría

---

9   Henri Bergson, *Écrits et paroles*, PUF, Paris, 1959, vol. III, pp. 453-454; *Mélanges*, pp. 1189-1191.

10   Jacques Chevalier, *Entretiens avec Bergson*, Plon, Paris, 1959, pp. 112 y 143-144.

11   Henri Bergson, *Mélanges*, pp. 1513-1517; *Écrits philosophiques*, pp. 671-676.

12   Henri Bergson, *Écrits et paroles*, vol. III, pp. 645-649; *Mélanges*, pp. 1574-1579; *Écrits philosophiques*, pp. 696-701.

preparado y anunciado, a la manera de una sombra que precede al cuerpo que la proyecta[13].

Ante esta situación, Bergson se comprometió de manera activa, al igual que muchos otros intelectuales de su país (Boutroux, Durkheim, etc.), en favor de la causa francesa. Cuatro días después, el 8 de agosto, abrió la sesión de la Academia de ciencias morales y políticas, de la que era presidente, con un discurso fuertemente anti-germano. Allí pronunció estas contundentes palabras, que fueron muy mal recibidas del otro lado del Rin:

> La lucha entablada contra Alemania es la lucha misma de la civilización contra la barbarie. Todo el mundo lo siente, pero nuestra Academia tiene quizá una autoridad particular para decirlo. Dedicada en gran medida al estudio de las cuestiones psicológicas, morales y sociales, cumple un simple deber científico al señalar en la brutalidad y el cinismo de Alemania, en su desprecio de toda justicia, una regresión al estado salvaje[14].

Esta postura tan definida, tuvo sus consecuencias. Por de pronto, implicó la interrupción de los diálogos filosóficos que mantenía previamente con algunos pensadores alemanes, como por ejemplo Georg Simmel. En sus conferencias, no obstante, Bergson se cuidaba de condenar por completo a su país vecino. Distinguía dos Alemanias, de las cuales solo una era reprobable, la que se alejaba del republicanismo y respondía a la política imperialista de Bismarck:

> ¿Dónde está el ideal de la Alemania contemporánea? No es más el tiempo en el que sus filósofos proclamaban la inviolabilidad del derecho, la eminente dignidad de la persona, la obligación para los pueblos de respetarse unos a otros. La Alemania militarizada por

---

13   *Les deux sources de la morale et de la religion*, p. 166.

14   "Discours prononcé à l'Académie des sciences morales et politiques", en *Mélanges*, p. 1102. Sin duda, Bergson promovía el patriotismo (virtud que consideraba próxima al estado místico), a veces de una manera un tanto ingenua y exaltada, pero estaba lejos de confundirlo con el nacionalismo (cf. *Les deux sources de la morale et de la religion*, pp. 294-295). En ese sentido, se opuso a la exclusión de los extranjeros de nacionalidad alemana, asociados al Instituto de Francia, tal como solicitaban algunos miembros (cf. *Mélanges*, p. 1104).

Prusia ha rechazado estas nobles ideas, que le llegaron, en su mayor parte, de la Francia del siglo XVIII y de la Revolución[15].

Estas diversas Alemanias no solo remitían a dos proyectos políticos muy diferentes, sino que también tenían sus respectivos respaldos filosóficos. Bergson, que se formó en el contexto del neokantismo y que tenía un conocimiento superficial del pensamiento de Hegel[16], e influido quizá por algunos historiadores franceses y alemanes de la filosofía[17], hacía del hegelianismo una metafísica de la guerra que exaltaba al Estado prusiano:

> Tal como una Alemania convertida definitivamente en nación rapaz apela a Hegel, una Alemania ávida de belleza moral se declararía fiel a Kant. Del mismo modo, la Alemania sentimental fue puesta bajo la invocación de Jacobi o de Schopenhauer[18].

Posteriormente, como representante de Francia, Bergson participó de dos misiones diplomáticas en el extranjero. La primera fue en España en mayo de 1916, y la segunda, mucho más delicada, en Estados Unidos en 1917 y 1918. Aprovechando su gran reconocimiento público, y las buenas relaciones que mantenía con algunos intelectuales norteamericanos, se le encomendó que buscara influir en el entorno del presidente Wilson, o incluso de manera directa sobre él, para que tomara la decisión de entrar en la guerra[19].

Ya terminado el conflicto bélico, y como estaba indicado en el Tratado de Versalles, en 1919 se creó la Sociedad de las Naciones con el objetivo de preservar la paz a nivel mundial. El 4 de enero

---

15   "La force qui s'use et celle qui ne s'use pas" (4 de noviembre de 1914), en *Mélanges*, p. 1106 y en *Écrits philosophiques*, p. 440.

16   En una carta a Giovanni Papini del 9 de septiembre de 1908, al mencionar una conferencia de René Berthelot sobre el filósofo alemán, le dice: "mi impresión (no es más que una impresión porque no he estudiado bastante a Hegel para poder formular una opinión firme)" (*Correspondances*, p. 224).

17   Cf. P. Soulez-F. Worms, *Bergson*, Flammarion, Paris, 1997, p. 21.

18   "Discours en séance publique de l'Académie des sciences morales et politiques" (12 de diciembre de 1914), en *Mélanges*, p. 1113. Cf. "Conférence de Madrid: La personnalité" (9 de mayo de 1916), en *op. cit.*, p. 1233 y en *Écrits philosophiques*, p. 531.

19   Bergson relata estos viajes y sus experiencias en un artículo póstumo titulado "Mes missions (1917-1918)", en *Écrits et paroles*, vol. III, pp. 627-641 y en *Mélanges*, pp. 1554-1570.

de 1922 el Consejo de esta organización decidió formar una Comisión Internacional de Cooperación Intelectual (CICI), en la que los representantes de la élite intelectual de cada país trabajarían en pos de esa meta de colaboración pacífica. Al inicio de sus actividades, Bergson fue designado por unanimidad presidente de esta asamblea (de la que participaron, entre otros, Marie Curie, Albert Einstein y Leopoldo Lugones), hasta que finalmente dimitió en julio de 1925 por problemas de salud[20].

Años después, en su libro *Las dos fuentes de la moral y de la religión,* en particular en su capítulo IV intitulado "Observaciones finales: Mecánica y Mística", Bergson reflexionaría ampliamente sobre el significado de la guerra en lo que denomina "las sociedades cerradas" (aquellas constituidas por un grupo humano que se repliega sobre sí mismo, se cohesiona y se separa del resto de las personas)[21]. Si bien estaba a favor de la paz con Alemania, también exigía que su país y sus compatriotas fueran respetados. Por eso, en 1940, ya comenzada la Segunda Guerra Mundial, volvió a publicar algunos de sus discursos en los que destaca la "fuerza moral" francesa contra la "fuerza material" alemana[22].

En esta atmósfera bélica, que acabamos de caracterizar en forma sucinta, es que se escribió en 1915 la primera versión del texto "La filosofía francesa". El ambiente no varió demasiado para la segunda versión de 1933, si tenemos en cuenta que el 30 de enero de ese año el presidente alemán Paul von Hindenburg nombró a Hitler como canciller del Reich[23]. Por este motivo, a veces se sostiene que este

---

20 Diversos documentos, concernientes a su paso por la Sociedad de las Naciones y el trabajo realizado, se encuentran en *Mélanges,* pp. 1347-1366, 1379-1386, 1397-1416, 1419-1424, 1451-1461, 1463-1470, 1476-1477. Una de las estrategias promovidas para favorecer la comprensión mutua entre los pueblos era la enseñanza de las lenguas y las literaturas extranjeras.

21 Cf. *Les deux sources de la morale et de la religion,* p. 293 ss.

22 Cf. *Mélanges,* p. 1593.

23 En una carta de diciembre de 1939, Bergson escribió: "En realidad, la Alemania de hoy es idéntica, en su esencia, a la de 1914. Es la Alemania bismarckiana, la Alemania convertida por Bismarck, desde 1871, a un materialismo brutal y sin escrúpulo" (carta a J. Chastenet, en *op. cit.,* p. 1591). Recordemos también que el 13 de marzo de 1933, la Gestapo cerró el Institut für Sozialforschung, localizado en Fráncfort del Meno. Gracias a la intervención de Célestin Bouglé, Georges Scelle, Maurice Halbwachs y Henri Bergson, se acogió al Instituto (del

opúsculo forma parte del "corpus de los discursos de guerra"[24] de Bergson.

Sin negar el particular acento con el que destaca los aportes y contribuciones de la filosofía francesa al pensamiento humano, y sin omitir la dimensión política de este escrito[25], no consideramos que sea un discurso de propaganda bélica germanofóbica. Sin duda, se nota el interés de Bergson por diferenciar a la filosofía francesa de la alemana y por mostrar que la influencia de esta última en los filósofos galos ha sido muy limitada (siendo más bien a la inversa[26]), pero este planteo no fue ocasionado por la guerra. Ya en la carta de

---

que eran directores Horkheimer y Pollock) en el Centre de Documentation de la École Normale Supérieure. Sobre este tema, cf. P. Soulez, "L'École de Francfort" (*L'homme et la société*, 1977, 45-46, pp. 253-256).

24   C. Zanfi, *Bergson et la philosophie allemande (1907-1932)*, Armand Colin, Paris, 2014, p. 226, nota 2. Sobre los discursos de guerra, cf. el dossier "Bergson et la guerre de 1914", en A. François, C. Riquier, C. Zanfi (éds.), *Annales bergsoniennes VII*, PUF, Paris, 2014, pp. 99-284.

25   A X. Léon le reconoce que este texto fue realizado "con un fin patriótico" (carta del 20 de febrero de 1915; en *Correspondances*, pp. 614-615). Como dice en la conferencia "Algunas palabras sobre la filosofía francesa y sobre el espíritu francés": "podemos recordarnos lo que somos ["sin orgullo, sin vanidad, pero sin exageración de modestia"]; y debemos hacerlo, en un momento en el que se correría el riesgo de debilitarse la confianza que tenemos el derecho de tener en nosotros" (*Mélanges*, p. 1517; *Écrits philosophiques*, p. 675). Recordemos que los primeros meses de la guerra fueron catastróficos para Francia. Ya para fines de 1914, habían fallecido 300.000 soldados franceses.

26   En este texto, los filósofos alemanes que presentan notas más positivas (o menos negativas) son Leibniz, Kant y Schopenhauer. Detrás de ellos, inspirando algunas de sus doctrinas, se encuentran, respectivamente, Descartes, Descartes y Rousseau, Descartes y Cabanis. Si bien solo se lo menciona una vez, el principal filósofo apuntado, como antítesis de la filosofía francesa (por la oscuridad de su lenguaje, por su alejamiento de la observación interior y de las ciencias empíricas, por su dogmático afán sistematizador y su recurso a la dialéctica abstracta), parecería ser Hegel. No está de más recordar al respecto, como hace Frédéric Fruteau de Laclos (cf. H. Bergson, *Écrits philosophiques*, p. 621, nota 389), estas palabras de Deleuze: "Pero también se manifiesta en estas páginas [del *Ensayo sobre los datos inmediatos de la conciencia*] la incompatibilidad del bergsonismo con el hegelianismo, e incluso con todo método dialéctico. Bergson le reprocha a la dialéctica ser un *falso movimiento*, es decir un movimiento del concepto abstracto, que no va de un contrario al otro sino a fuerza de imprecisión" (*Le bergsonisme*, PUF, 3ᵉ éd., Paris, 2007, p. 38).

1910 dirigida al filósofo sueco Norström, que incluimos en esta edición, se percibe esta tendencia, si bien no tan marcada[27].

En este texto, que manifiesta en contraposición una mayor afinidad con el pensamiento británico y norteamericano, Bergson no se limita a presentar una historia de la filosofía francesa, sino que también pretende caracterizar al espíritu francés. Como señala Frédéric Worms, en su libro *La philosophie en France au XXe siècle*, hay ciertas condiciones que le permiten a Bergson pasar de la mera cronología a la fijación de una idiosincrasia nacional, de la historia de la filosofía a la filosofía de la historia[28].

En primer lugar, postular que hay vínculos históricos entre autores y escuelas de pensamiento que comparten la misma lengua, y que proceden de un único filósofo creador, generador de algo nuevo e imprevisible, que no debe nada esencial a la reflexión filosófica antigua y medieval: Descartes, padre no solo de la filosofía francesa sino también de toda la filosofía moderna.

Luego, hay que plantear que esa continuidad temporal manifiesta una unidad filosófica representada por rasgos característicos compartidos, más allá de las diferencias doctrinales. Para Bergson, esos caracteres comunes de la filosofía francesa son tres: la claridad en la expresión filosófica; la vinculación con las ciencias positivas, incluso en los filósofos que se consagraron a la introspección; cierta aprensión con respecto a los vastos y rígidos sistemas filosóficos que pretenden reducir de manera forzada todas las cosas a una idea fija y abstracta[29].

Por último, identificar estas peculiaridades con un supuesto carácter nacional. El espíritu francés es presentado como libre y flexible, siempre atento al curso de la realidad y abierto a la humanidad. En

---

27 En la misiva a su colega, afirma: "La influencia del kantismo y de la filosofía alemana en general, que había sido considerable durante un determinado número de años, ha disminuido mucho" (*Correspondances*, p. 348; *Écrits philosophiques*, p. 381). Los filósofos franceses aludidos, influidos por el pensamiento germano, son: Lachelier, Hamelin y Renouvier. Todos ellos, a los que se les suma Renan, aparecen mencionados en "La filosofía francesa".

28 Cf. *La philosophie en France au XXe siècle. Moments*, Gallimard, Paris, 2009, p. 174 ss.

29 Aunque no es un rasgo tan distintivo, Bergson también señala el interés por el estudio de la conciencia, ya sea por medio de la mirada interior o por medio de la psicología científica.

este sentido, es concebido como la antítesis del temple prusiano, que se caracteriza por su obediencia mecánica, su funcionamiento artificial y automático, y su instinto de conquista[30]. En definitiva, Francia y Prusia encarnan, para Bergson, dos "personalidades nacionales"[31] irreconciliables, cada una con su respectiva "misión"[32] definida en el mundo, la primera orientada hacia la vida y la moral, y la segunda hacia la materialidad.

Como conclusión, se puede afirmar que, para el autor, el carácter nacional, por un lado, es causa de sus pensadores y filósofos; pero, por otro, también es su efecto en la medida en que ellos son sus forjadores. Así como el alma francesa tiende espontáneamente a manifestarse de manera filosófica en el plano de las ideas, de igual modo, la filosofía francesa, que configuró a la filosofía moderna, se ha nutrido con todas las expresiones del espíritu francés. En consecuencia, tal como se lee en la línea final del texto (de ambas ediciones), "el espíritu francés es uno con el espíritu filosófico".

Un texto filosófico

Bergson forma parte de una larga tradición de filósofos franceses (desde el siglo XIX hasta la actualidad: Taine[33], Ravaisson[34], Ribot[35], Lévy-Bruhl[36], Boutroux[37], Delbos[38], Lavelle[39], Wahl[40], Descombes[41],

---

30 Cf. "Discours en séance publique de l'Académie des sciences morales et politiques", en *Mélanges*, pp. 1108-1109.

31 Cf. "La personnalité", en *Mélanges*, p. 1232 y en *Écrits philosophiques*, p. 530.

32 Cf. "Quelques mots sur la philosophie française et sur l'esprit français", en *Mélanges*, p. 1517 y en *Écrits philosophiques*, p. 675.

33 *Les philosophes français du XIXᵉ siècle*, deuxième éd., Hachette, Paris, 1860.

34 *La philosophie en France au XIXᵉ siècle*, troisième éd., Hachette, Paris, 1889.

35 "Philosophy in France", *Mind*, II, 7, July 1877, pp. 366-386.

36 *History of modern philosophy in France*, Open Court, Chicago, 1899.

37 "La philosophie en France depuis 1867", *Revue de métaphysique et de moral*, XVI, 6, 1908, pp. 683-716.

38 *La philosophie française*, Plon-Nourrit, Paris, 1919.

39 *La philosophie française entre les deux guerres*, Aubier, Paris, 1942.

40 *Tableau de la philosophie française*, Fontaine, Paris, 1946.

41 *Le même et l'autre. Quarante-cinq ans de philosophie française (1933-1978)*, Minuit, Paris, 1981.

Badiou[42], entre otros) que han reflexionado sobre la historia de la filosofía francesa en general o sobre algunos de sus momentos más destacados. En las páginas que siguen, para iluminar la lectura del texto y ampliar su alcance, nos proponemos analizar el criterio hermenéutico escogido por el autor para abordar su estudio y los vínculos que establece, en líneas generales, entre sus principales representantes y su propia filosofía. No se trata, por cierto, ni de aportar un resumen completo de los distintos pensadores ni de realizar una comparación, en regla, con todas las posturas seleccionadas (lo que demandaría varios volúmenes), sino de presentar de manera sintética la posición bergsoniana frente a determinadas ideas esenciales de algunos intelectuales franceses.

Cuando escribe la primera versión de "La filosofía francesa", en 1915, Bergson ya ha publicado sus tres primeras obras principales: *Ensayo sobre los datos inmediatos de la conciencia* (1889), *Materia y memoria* (1896) y *La evolución creadora* (1907). Con esta última, varias de las nociones gnoseológicas y metafísicas que venía desarrollando desde un principio, llegan a su madurez y ya no cambiaron de manera esencial en lo que resta de su producción. La aparición de *Las dos fuentes de la moral y de la religión* (1932), un año antes de la redacción de la segunda versión del texto que nos ocupa, completa la elaboración de su filosofía al incorporar las problemáticas ética, mística y política.

En el tercer capítulo de *La evolución creadora*, Bergson plantea que la materia y la vida son los dos lados de lo absoluto, manifestación de la supra-conciencia creadora. También plantea que tanto la ciencia (a través de la inteligencia pragmática) como la metafísica (por medio de la intuición desinteresada) pueden conocerlo, respectivamente, en el orden en que se distiende hacia el espacio y la necesidad y en el orden en que se tensa hacia el espíritu y la libertad.

A pesar de ser un lugar común de la historia de la filosofía (incluso difundido por algunos de sus seguidores), Bergson no es un pensador anti-intelectualista. Él solo promueve un intelectualismo verdadero, es decir ampliado gracias a una intuición que simpatiza con una realidad total (de naturaleza psíquica) que es dinámica. Por

---

42   *L'aventure de la philosophie française depuis les années 1960*, La fabrique, Paris, 2012.

eso, afirma: "Una humanidad completa y perfecta sería aquella en la que estas dos formas de la actividad consciente [la inteligencia y la intuición] alcanzasen su pleno desarrollo"[43].

Al reflexionar sobre la historia de la filosofía francesa, Bergson percibe que los diversos autores tienden a privilegiar los aspectos intelectuales o bien los aspectos intuitivos, la ciencia o la vida interior. Estas tendencias se encarnan en filósofos enfrentados que por lo general coexisten en una misma época. Es así como tenemos, por ejemplo, las parejas Descartes-Pascal, Bossuet-Fénelon, Voltaire-Rousseau, Comte-Maine de Biran.

Frente a estos planteos disyuntivos, la ambición bergsoniana es instaurar una metafísica positiva, respetuosa de los hechos tantos internos como externos, que integre lo mejor del espiritualismo y del racionalismo. En este sentido, es discutible la afirmación de Foucault[44] según la cual Bergson formaría parte de la corriente de la filosofía del sujeto y de la experiencia, en línea con Maine de Biran, Lachelier, Sartre y Merleau-Ponty, enfrentada a la corriente de la filosofía de la racionalidad y del concepto, representada por Comte, Couturat, Poincaré, Bachelard y Canguilhem.

a) El siglo XVII

Como ya hemos mencionado, a los ojos de Bergson, la filosofía francesa proviene de Descartes[45], y su influencia se ha extendido a todo el pensamiento moderno. En el espíritu cartesiano, él percibe dos tendencias antagónicas que no se desarrollaron de manera plena. Esto es así porque Descartes no es un autor tan sistemático como sus sucesores (Spinoza, Malebranche y Leibniz). Al no estar some-

---

43 *L'évolution créatrice*, PUF, Paris, 2007, p. 267.

44 "La vie: l'expérience et la science". En *Dits et écrits 1954-1988*, Gallimard, Paris, IV, 1994, p. 764.

45 Sobre la relación existente entre Descartes y Bergson, cf. C. Riquier, *Archéologie de Bergson. Temps et métaphysique*, PUF, Paris, 2009, pp. 261-269. Pueden consultarse con provecho los cursos de Bergson: *Histoire de l'idée de temps. Cours au Collège de France 1902-1903*, PUF, Paris, 2016, pp. 285-301; *L'évolution du problème de la liberté. Cours au Collège de France 1904-1905*, PUF, Paris, 2017, pp. 209-241. Remitimos también al lector al texto "Mensaje al congreso Descartes", que se encuentra en el Apéndice de la presente edición.

tido a la filosofía antigua (por más que tome de ella las cualidades del orden y de la medida), no desemboca en la lógica del sistema, es decir en la concepción de un todo coherente que parte de una realidad inteligible e inmutable de la que todas las cosas se deducen.

Por un lado, Descartes es un autor racionalista que concibió a la naturaleza como una inmensa máquina matemática regida por leyes necesarias. Por el otro, aunque el rigor y la simplicidad de la doctrina metafísica se debilitan, admite el libre albedrío en el alma humana. En él coexisten, por tanto, sin llegar al extremo, el determinismo y el indeterminismo, la orientación intelectualista y la voluntarista. La matemática universal lo conduce a lo eterno y a la identidad, mientras que el *cogito* a la intuición de la *durée* y a la creación.

Descartes toma como punto de partida de su filosofía un acto temporal, su pensamiento que se desarrolla en la duración. Pero no llega a tener una verdadera intuición de esta porque concibe al tiempo como discontinuo, siendo sus partes independientes unas de otras. Dios lo recrea en cada momento de su existencia y es la garantía de que es el mismo yo idéntico y sustancial que perdura en el tiempo. Si Descartes hubiera profundizado en su intuición no tendría que haber supeditado el *cogito* a un principio atemporal que garantizase que es la misma conciencia, ya que habría captado una duración continua e indivisible que fusiona el antes con el después.

En otras palabras, Descartes espacializó el tiempo, y por eso resolvió el yo en una multiplicidad de hechos psíquicos independientes, claros y distintos. Más allá de esta falencia, Bergson reivindica la conciencia temporal cartesiana como origen del filosofar (tal como la desarrolló en el *Ensayo sobre los datos inmediatos de la conciencia*) y admite que la experiencia interna es lo más originario y el criterio último de verdad. Por eso, al igual que todo filósofo francés, puede asumirse como heredero de Descartes, pero que ha ampliado al mismo tiempo el paradigma del conocimiento porque ya no cree en una matemática que abarca todo. El universo material puede ser concebido de manera aproximada como un dispositivo de relojería, pero en él también se manifiestan fenómenos imprevisibles de creación biológica que rompen con los esquemas geométricos y con el planteo racionalista de que nada nuevo se produce en el cosmos.

No creo, por tanto, ser infiel al método de Descartes al pedir que se revise tal o cual solución cartesiana, en el mismo sentido en que un filósofo cartesiano pediría sin duda que se lo revisase, en presencia de una ciencia más flexible, instruida por una experiencia más vasta, y dispuesta a admitir en los fenómenos de la naturaleza una complejidad de organización difícilmente reducible al mecanismo matemático. Si se llama método a una cierta actitud de la mente frente a su objeto, una cierta adaptación de la forma de las investigaciones a su materia, no será permanecer fiel a un método conservar de modo inmutable los procedimientos, cuando los materiales sobre los que opera han cambiado de forma radical. Permanecer fiel a un método consiste, por el contrario, en reconfigurar de manera constante la forma sobre la materia, para conservar siempre la misma precisión de adaptación[46].

Junto a Descartes, y desde una perspectiva muy diferente, el otro padre francés del pensamiento moderno es Blaise Pascal[47]. En un primer momento, Bergson no parece haberlo tenido muy en cuenta. No lo menciona ni en el *Ensayo* ni en *Materia y memoria*, y solo se encuentran alusiones esporádicas en algunos de sus cursos. Parece haberlo interpretado como un escéptico[48] que desconfía del poder de la razón, y como un fideísta, en sintonía con Montaigne. No sorprende que, en esos textos de juventud, brillara por su ausencia ya que, marcado por el espíritu cartesiano, Bergson separa de manera tajante la filosofía de la revelación y porque se enfrenta decididamente al escepticismo (aun cuando admitió, en el plano metafísico, algunos conocimientos solo probables).

Con el transcurrir de los años, comenzó a manifestar un mayor interés por su figura y por su pensamiento. No solo lo reconoce como un gran matemático (al igual que Descartes) sino también como un

---

46   H, Bergson, "Le parallélisme psycho-physique et la métaphysique positive". En *Écrits et paroles*, PUF, Paris, 1958, vol. I, pp. 141-142; *Mélanges*, p. 474; *Écrits philosophiques*, pp. 243-244

47   J.-L. Vieillard-Baron ha estudiado el nexo entre Pascal y Bergson en su artículo: "Affinités et divergences entre Bergson et Pascal". En D. Leduc-Fayette (éd.), *Pascal au miroir du XIXᵉ siècle*, Nouvelles Éditions Mame, Paris, 1992, pp. 145-158.

48   Cf. H. Bergson, *Cours I. Leçons de psychologie et de métaphysique*, PUF, Paris, 1990, p. 307.

gran moralista; alguien que sabe detener a tiempo el desarrollo del "espíritu de geometría" en favor del "espíritu de sutileza". En palabras de Bergson, un pensador que complementa en su justa medida la inteligencia con la intuición. Ya en una carta de 1905, que le escribe al poeta y ensayista Sully-Prudhomme por el envío de su libro *La vrai religion selon Pascal*, el "corazón" pascaliano es orientado hacia una forma de intuición mística, en la que lo principal no es la fe cristiana sino la experiencia supra-sensible:

> Usted destaca la diferencia entre Pascal y otros científicos que también han sido creyentes. A los ojos de un Newton o de un Pasteur, la ciencia conserva toda su importancia al lado de la fe. No sucede lo mismo con Pascal. ¿Pero no es también porque su fe tiene un carácter muy particular, siendo la fe de los místicos, la que extrae su fuerza de una revelación especial, personal, de la que son depositarios privilegiados? La realidad trascendente de la que los místicos hacen la experiencia en tal o cual momento de su vida les aparece como infinitamente más luminosa y, en cierto sentido, *más real* que la de nuestra experiencia sensible, experiencia de sueño al lado de aquella. ¡No es natural, entonces, que nuestra ciencia, que no es sino la sistematización de la experiencia sensible, sea poca cosa para un Pascal en comparación de la fe, que es una verdadera *sobre-experiencia*![49].

A medida que Bergson fue profundizando, en las décadas siguientes, sus estudios sobre la religión y el cristianismo, mayor afinidad fue encontrando con Pascal. En *Las dos fuentes de la moral y de la religión*, el Dios amor al que se invoca con humildad es el de Pascal y no el Dios lejano de Descartes, variante moderna del "pensamiento del pensamiento" de Aristóteles. Pero las orientaciones son diversas: incluso al acercarse al Cristo de los Evangelios, Bergson permanece filósofo mientras que Pascal es un apologista de la fe cristiana. Este se burla de la filosofía y de la razón para abrirse a la revelación sobrenatural y encontrar en ella respuestas a los angustiantes problemas existenciales. Si bien Bergson también aborda las preguntas de interés vital (como las relacionadas con el origen y el destino del

---

49   En F. Worms (éd.), *Annales bergsoniennes II*, PUF, Paris, 2004, p. 464.

LA FILOSOFÍA FRANCESA

alma), para él no hay intuición sin inteligencia y su serena actitud contemplativa es más bien la del *intellectus quaerens fidem*.

En 1922, poco antes de que Bergson recibiera y leyera el libro *Pascal* de su discípulo y amigo Jacques Chevalier[50], ambos se reunieron. El primero le comentó su interés creciente por aquel autor, basado en el lugar cada vez más importante otorgado en sus reflexiones al fenómeno religioso, y la convicción de que este no se fundamenta en frágiles pruebas racionales para demostrar la existencia de Dios, sino en una ampliada experiencia metafísica:

> Es así como fui llevado a dilatar mi pensamiento sin abandonar jamás lo real. Es necesario dilatar indefinidamente el pensamiento con lo real. Pascal lo había visto y lo había practicado. Cuanto más lo veo, más cerca me siento de Pascal; lo que Pascal llama el "sentimiento" no es otra cosa que lo que yo llamo "lo inmediato". Como he escrito en un pequeño estudio sobre *La filosofía francesa*, que se me había pedido para la exposición de San Francisco, es de Descartes y de Pascal de donde proceden las dos corrientes que se han repartido el pensamiento moderno; pero la corriente que procede de Pascal, aunque menos visible, es quizá más profunda que la corriente cartesiana[51].

El tercer gran representante de la filosofía francesa en el siglo XVII es el oratoriano Nicolas Malebranche. No rompe con el mencionado esquema de las parejas filosóficas, porque es claro que su pensamiento es tributario de Descartes. La única mención de Malebranche que aparece en las obras principales publicadas por Bergson es en relación con la filosofía cartesiana. En la conferencia "La intuición filosófica", al analizar las influencias que recibió el idealismo de Berkeley, afirma: "En cuanto a la primera [tesis], se asemeja mucho al «ocasionalismo» de Malebranche, del que descubrimos ya la idea, e incluso la fórmula, en ciertos textos de Descartes"[52].

Sin duda, de los tres autores, Malebranche es el que menos interés despertó en Bergson (más allá de que reconoce el valor de su

---

50 Plon, Paris, 1922. Este ejemplar, subrayado por Bergson en diversos pasajes, se encuentra actualmente en la biblioteca Jacques Doucet.

51 J. Chevalier, *Entretiens avec Bergson*, Plon, Paris, 1959, p. 40.

52 H. Bergson, *La pensée et le mouvant*, PUF, Paris, 2009, p. 125.

fina psicología y de su elevada moral, amén de ser un gran escritor). Incluso se podría afirmar, con Henri Gouhier, que "no se traicionaría el pensamiento de Bergson al presentarlo como estrictamente opuesto al de Malebranche"[53]. Dicha afirmación apunta, en primer lugar, a la orientación sistemática de este filósofo, rechazada por Bergson, la cual, si no es llevada al extremo de modo consecuente, es porque el sacerdote cede a consideraciones de índole religiosa y porque tiene temor a caer en el spinozismo.

La tendencia a erigir un sistema se agrava por su concepción de las causas ocasionales. Como dice Bergson en uno de sus cursos, "la idea dominante de la filosofía de Malebranche es que causalidad significa creación, de donde resulta que toda causalidad corresponde a Dios"[54]. Para este pensador, que parte de cierta interpretación del cristianismo, solo Dios puede actuar y solo Dios puede ser causa. Es decir, que se le niega todo poder causal a los cuerpos y a los espíritus. Los estados de las criaturas solo son ocasiones ofrecidas a la divinidad para que intervenga y actúe. Son meras causas ocasionales que manifiestan que la causalidad real es un privilegio de Dios.

Este planteo está en las antípodas de la filosofía de Bergson, para la cual la vida es creadora y la humanidad puede prolongar su impulso creador. Esto significa que, en el bergsonismo, la noción de creación no es teológica (*creatio ex nihilo*) sino surgida a partir de una intuición del tiempo y de su naturaleza inventiva. No solo porque no es, como en la tradición cristiana, una prerrogativa de Dios, sino porque tampoco es una verdad revelada. ¿Significa esto que el acto creador es un concepto racional? De ningún modo, puesto que la inteligencia, habiéndosele escapado el momento presente, no llega a comprenderlo antes o después de su irrupción; al aplicarle el principio de causalidad desemboca siempre en la repetición y en la identidad. Para Bergson, la creación no es un misterio sobrenatural, es una certeza empírica que experimentamos en primera instancia en nosotros mismos.

---

53 *Bergson dans l'histoire de la pensée occidentale*, Vrin, Paris, 1989, p. 55.

54 H. Bergson, *Cours III. Leçons d'histoire de la philosophie moderne. Théories de l'âme*, PUF, Paris, 1995, p. 98. La filosofía de Malebranche es analizada en las pp. 96-100 y 226-230.

b) El siglo XVIII

A diferencia del XVII, el siglo en el que se desarrolló fundamentalmente la Ilustración se caracterizó por un menor vuelo metafísico y espiritual, y por el auge de las ciencias positivas. Diversos autores son mencionados en el texto, a los que no se les dedica un gran tratamiento: Bayle y Fontenelle, Lavoisier, los filósofos sociales y políticos (Montesquieu, Turgot, Condorcet) y los enciclopedistas (d'Alembert, Diderot, Helvecio, D'Holbach). Por el contrario, el acento se coloca en la filosofía natural (ya en el problema del origen de las especies, ya en el de la relación de la mente con la materia), en la psicología y en la filosofía moral.

Si bien se puede nombrar a varios investigadores de la naturaleza y de la vida (Buffon, Bordeu, Barthez, Bichat, Broussais), el más destacado de los naturalistas franceses de esta época fue Jean-Baptiste Lamarck, quien acuñó el término "biología" y fue el verdadero creador de la teoría evolucionista. La tesis "transformista" que se plantea en la *Filosofía zoológica* (1809) es anterior en cincuenta años al *Origen de las especies* de Darwin (y ya la había desarrollado en la conferencia inaugural de 1800 que dictó en el Museo Nacional de Historia Natural, en el marco de los debates con su colega Cuvier sobre la significación de los fósiles).

El lamarckismo fue muy influyente entre 1860 y 1910, período en el que las discusiones se centraron en los mecanismos de la evolución. Bergson tuvo en cuenta los aportes de Lamarck, y los de sus seguidores (en particular, de los neolamarckianos norteamericanos), en el primer capítulo de *La evolución creadora*[55]. Su objetivo consiste ahí en mostrar que, a los distintos evolucionismos científicos de su época, así como a las filosofías mecanicistas y finalistas, se les escapa el fenómeno de la vida. Por medio de la imagen del impulso vital, él busca evitar esos productos de la inteligencia espacializante y sugerir la intuición que debemos tener del progreso evolutivo.

---

[55] Para comprender este complejo capítulo, sugerimos la lectura de los siguientes trabajos de A. François: su edición crítica de *L'évolution créatrice* (PUF, Paris, 2007, notas de las pp. 395-445), su artículo "Les sources biologiques de *L'évolution créatrice*" (*Annales bergsoniennes IV*, PUF, Paris, 2008, pp. 95-109), y su extenso comentario (*L'évolution créatrice de Bergson*, Vrin, Paris, 2010, pp. 17-110).

Teniendo como respaldo científico las investigaciones del biólogo alemán August Weismann, en especial su idea de la continuidad del plasma germinativo, Bergson muestra que la metafísica no se limita al estudio de los seres vivos particulares, sino que se refiere a la vida en sí o general que atraviesa, conservando su unidad indivisible, a todos los individuos y a todas las especies (que no son sino disociaciones operadas en su seno, y no sus elementos constitutivos). Si esto es correcto, entonces las tendencias divergentes que se bifurcan del impulso único no pueden ser completamente extrañas unas a otras, sino que deben conservar algo en común, que es la presencia de órganos con estructura idéntica en organismos muy diferentes.

El ejemplo elegido por Bergson para fundamentar su postura es el de la analogía de estructura entre el ojo del ser humano y el de un molusco: la venera. Él se enfrenta a las interpretaciones que dan de este hecho las cuatro principales teorías evolucionistas de su época. En primer lugar, tenemos la hipótesis de las variaciones puramente accidentales, la que se divide, a su vez, en dos: la darwinista y la mutacionista. A continuación, la hipótesis de una variación dirigida en un sentido definido bajo la influencia de las condiciones exteriores (es la doctrina de la ortogénesis de Eimer). Por último, y a diferencia de las posturas anteriores que explican la evolución únicamente recurriendo a causas externas, el neolamarckismo, que recurre a una fuerza interna al proceso evolutivo.

A diferencia de las tres primeras posturas, que se basan en la adaptación pasiva y mecánica del organismo a su medio, el neolamarckismo recurre a un principio interno y activo de desarrollo (que puede llegar a ser interpretado en un sentido psicológico, como lo hace el naturalista estadounidense Edward Cope). Si a esto le agregamos que, en virtud de la idea de esfuerzo implicada, es el evolucionismo mejor orientado para dar cuenta de la formación de órganos complejos idénticos en líneas distintas de desarrollo, notaremos la mayor afinidad de Bergson con él. Sin embargo, de los dos principios que le atribuye a Lamarck (el ser vivo tiene la facultad de variar a causa del uso o desuso de sus órganos; la transmisión a sus descendientes de los caracteres adquiridos), rechaza el segundo por su connotación intelectualista y mecanicista.

La vida como impulso (*élan*) da a entender, por un lado, que ella no se reduce a las formas biológicas más o menos estables que ha tomado, y que siempre está proyectada hacia el porvenir adoptando formas nuevas; por otro, que, al ser duración creadora, su desarrollo no está dirigido hacia ninguna meta estipulada de antemano. En una carta de 1935, escrita a Floris Delattre, Bergson señala que, a pesar de los puntos en común que se han notado entre ambas posturas, mantiene importantes diferencias con el lamarckismo:

Lamarck, el verdadero padre de la doctrina de la evolución, estimaba que las variaciones de donde nacen las nuevas especies se debían a esfuerzos individuales que desembocaban en hábitos, los que se volvían hereditarios. [...] Si es cierto que se la ha acercado [esta doctrina] a la de *La evolución creadora*, es un error, porque la evolución creadora implica, ante todo, que los hábitos adquiridos no se transmiten hereditariamente, que las variaciones no se deben a esfuerzos individuales, que estas variaciones surgen por el contrario de repente, en todos los representantes de una especie, o al menos en muchos de ellos, y que por último, si hay finalidad en la evolución, no es de ningún modo en el sentido que la tradición filosófica ha dado a la palabra "teleología", sino en un sentido diferente y *nuevo*, que la biología y la filosofía deberán verdaderamente *crear*, sin que ninguno de los antiguos conceptos pueda definirlo[56].

En cuanto a la segunda problemática de índole naturalista, la de las relaciones entre la mente y el cuerpo, los pensadores mencionados son tres: La Mettrie, Cabanis y Bonnet. Estos autores son destacables para Bergson, porque están en el origen de la psico-fisiología del siglo XIX, contra la cual reaccionará. En *Materia y memoria* (1896), él criticó el monismo antropológico bajo la forma del epifenomenismo. Unos años después, en el curso de 1903-1904 sobre la "Historia de las teorías de la memoria", dictado en el Colegio de Francia, desarrolló la idea de que en realidad esta postura científica no tuvo en sus inicios ningún respaldo empírico o experimental, sino que se constituyó a partir de una hipótesis metafísica elaborada *a priori*:

---

56 En *Écrits et paroles*, vol. III, pp. 601-602; *Mélanges*, p. 1524; *Écrits philosophiques*, p. 678. Sobre el rechazo de la herencia de los caracteres adquiridos, cf. *L'évolution créatrice*, pp. 77-85.

el paralelismo psico-físico[57]. Ya en el cuarto capítulo de *La evolución creadora*, dedicado a la historia de los sistemas filosóficos, hizo una breve referencia a esta incorporación teórica[58], pero recién en el artículo "El alma y el cuerpo", de 1912, la expuso en detalle en un párrafo fundamental.

Para Bergson, fue Descartes, en el contexto del nacimiento de la física moderna, el verdadero iniciador de la teoría de una correspondencia entre los estados cerebrales y los estados psicológicos. Es cierto que él nunca llevó el planteo hasta el extremo (ya que admitía la posible influencia entre el pensamiento y la extensión), y es por eso por lo que fueron sus discípulos (los cartesianos) los que concibieron, exagerando la tesis del maestro, la idea de un paralelismo riguroso entre lo psíquico y lo físico. Siendo para estos filósofos lo extenso y lo inextenso dos órdenes de cosas absolutamente diferentes, no puede haber contacto entre ellos, pero sin embargo sus elementos físicos y morales se corresponden punto por punto, expresando el cuerpo y el espíritu lo mismo, pero en lenguas diferentes, y no influyéndose de manera recíproca:

> La única hipótesis precisa que la metafísica de los tres últimos siglos nos ha legado sobre este punto es justamente la de un paralelismo riguroso entre el alma y el cuerpo: o el alma expresa ciertos estados del cuerpo, o el cuerpo expresa al alma, o esta y el cuerpo son dos traducciones, en lenguas diferentes, de un original que no es ni una ni otro. En los tres casos, lo cerebral equivaldría exactamente a lo mental. ¿Cómo llegó la filosofía del siglo XVII a esta hipótesis? No ciertamente por la anatomía y la fisiología del cerebro, ciencias que apenas existían, tampoco por el estudio de la estructura, de las funciones y de las lesiones del espíritu. No, esta hipótesis había sido muy naturalmente deducida de los principios generales de una

---

57   Cf. H. Bergson, *Histoire des théories de la mémoire. Cours au Collège de France 1903-1904*, PUF, Paris, 2018. Desde el punto de vista del análisis histórico, son fundamentales las últimas cinco lecciones, pp. 253-337.

58   "Entre esta concepción de la naturaleza [monismo o epifenomenismo] y el cartesianismo se hallarían además los intermediarios históricos. Los médicos filósofos del siglo XVIII, con su cartesianismo estrecho han tenido mucho que ver en la génesis del «epifenomenismo» y del «monismo» contemporáneos" (*L'évolution créatrice*, p. 355).

metafísica que se había concebido, en gran parte al menos, para dar cuerpo a las esperanzas de la física moderna. Los descubrimientos que siguieron al Renacimiento -principalmente los de Kepler y de Galileo- habían revelado la posibilidad de reducir los problemas astronómicos y físicos a problemas de mecánica. De ahí la idea de representarse la totalidad del universo material, desorganizado y organizado, como una inmensa máquina, sometida a leyes matemáticas. Desde entonces los cuerpos vivos en general, el cuerpo del hombre en particular, debían engranarse en la máquina como otras tantas ruedas en un mecanismo de relojería; ninguno de nosotros podía hacer nada que no estuviese determinado por adelantado, que no fuese calculable matemáticamente. El alma humana se volvía así incapaz de crear; era necesario, si existía, que sus estados sucesivos se limitasen a traducir en lenguaje de pensamiento y de sentimiento las mismas cosas que su cuerpo expresaba en extensión y en movimiento. Descartes, es cierto, no fue tan lejos: con el sentido que tenía de las realidades, prefirió, aunque padeciera el rigor de la doctrina, dejar un poco de lugar a la voluntad libre[59].

Llevados por la lógica del sistema, los cartesianos dieron la expresión más rigurosa del paralelismo psicofísico. Esto se observa en la teoría de la armonía preestablecida de Leibniz (cuya filosofía presenta una gran influencia de Plotino), pero la formulación más perfecta de esta correspondencia entre el modo del pensamiento y el modo de la extensión se encuentra en los escritos de Spinoza (los que están muy marcados, a su vez, por el pensamiento neoplatónico y aristotélico). No obstante, es claro que ninguno de los dos filósofos habría aceptado el paralelismo estrecho que hace de la conciencia un epifenómeno que se sobreañade a los estados cerebrales. Quien se encargó de dar este paso, es decir de introducir esta hipótesis paralelista (en un sentido fisicalista) en la psico-fisiología del siglo XVIII, fue el naturalista filósofo Charles Bonnet. Este biólogo, que admitía el parentesco de su doctrina con la de Leibniz, desempeña para Bergson un papel muy destacado en la historia de la filosofía moderna puesto que elabora en su obra *Essai analytique sur les facultés de l'âme* (1760) toda una fisiología de las funciones, pero con una

---

59   "L'âme et le corps". En *L'énergie spirituelle*, PUF, Paris, 2009, pp. 39-40.

total ignorancia de la anatomía de los órganos. Lo que demuestra que esta psicología fisiológica se ha construido completamente *a priori* y que se apoya en el fondo sobre una hipótesis metafísica:

> Y si, con Spinoza y Leibniz, esta restricción desapareció, barrida por la lógica del sistema; si estos dos filósofos formularon en todo su rigor la hipótesis de un paralelismo constante entre los estados del cuerpo y los del alma, al menos se abstuvieron de hacer del alma un simple reflejo del cuerpo. Ellos hubieran podido decir también que el cuerpo era un reflejo del alma. Pero habían preparado los caminos para un cartesianismo disminuido, estrecho, según el cual la vida mental no sería sino un aspecto de la vida cerebral, la pretendida "alma" reduciéndose al conjunto de ciertos fenómenos cerebrales a los cuales la conciencia se sobreañadiría como un resplandor fosforescente. De hecho, a través de todo el siglo XVIII, podemos seguir las huellas de esta simplificación progresiva de la metafísica cartesiana. A medida que se estrecha, se infiltra más en una fisiología que, naturalmente, encuentra en ella una filosofía muy propia para darle esta confianza en sí misma de la que tiene necesidad. Y es así que los filósofos tales como La Mettrie, Helvecio, Charles Bonnet, Cabanis, cuyas conexiones con el cartesianismo son bien conocidas, han aportado a la ciencia del siglo XIX lo que podía utilizar mejor de la metafísica del siglo XVII[60].

Con respecto a la psicología subjetiva, entendida como *ideología*, el autor al que se hace referencia en el opúsculo es Étienne Bonnot de Condillac. En él confluyen dos líneas de reflexión: la racionalista francesa (Descartes) y la empirista británica (Locke). Es importante este filósofo por su influencia ejercida en el pensamiento de los siglos XVIII y XIX. Por un lado, en él se inspiran los psico-asociacionistas, entre los que se destaca Hyppolite Taine en Francia (al que se opondrá Bergson[61]); y, por otro, porque Maine de Biran rechazará su sensualismo luego de haber partido de él.

---

60 *Op. cit.*, p. 40.

61 Cf. "Introduction à la métaphysique". En *La pensée et le mouvant*, pp. 193 y 196. Bergson contrapone su "empirismo verdadero" al de este filósofo que aplica el método analítico del naturalista al estudio de la psicología humana (en particular, en su obra *De l'intelligence*). Teniendo en cuenta los planteos que se encuentran

LA FILOSOFÍA FRANCESA

De Descartes, Condillac tomó el método científico del análisis por el cual primero se descompone en forma ideal un objeto hasta llegar a sus partes integrantes (y luego se recompone el conjunto a partir de elementos simples). La crítica a Locke es que no explicaba la génesis de las funciones anímicas y, por consiguiente, que admitía ciertos hechos psíquicos innatos. Su aspiración era fundamentar con mayor solidez el empirismo, para lo cual debía reducir todas las ideas y todas las operaciones a un único principio: la sensación. Su sensualismo riguroso, ejemplificado en la famosa hipótesis de la estatua en el *Tratado de las sensaciones*, consistía en que todas las facultades del espíritu y todos los conocimientos son sensaciones transformadas. Así, a partir del elemento psicológico que consideraba más simple, la sensación, pretendía realizar la reconstrucción integral del alma humana.

Para Bergson, todo este planteo abstracto de la escuela asociacionista es discutible[62]. Uno de sus postulados es que los elementos son más estables que el todo. El asociacionismo se representa los átomos psíquicos como componiéndose entre sí, luego descomponiéndose y saliendo de la combinación de la misma forma que tenían al principio. Así procede toda investigación de orden físico o químico. La diversidad de los cuerpos y de sus propiedades es reducida a una diferencia de composición. En cuanto a los elementos simples, se los concibe como inmutables, siendo todo cambio en última instancia una variación en el orden de los principios componentes. A diferencia de esta concepción, la postura de Bergson implica que todos los estados psicológicos duran, es decir que son esencialmente inestables, que se funden y prolongan unos en otros, cambiando de manera cualitativa sin cesar[63].

---

en *Materia y memoria*, donde siempre es aludido, pero nunca mencionado, dice L. Fedi, "La crítica bergsoniana de Taine no es únicamente una réplica espiritualista a una posición que se podría calificar de «positivista», es también una respuesta pragmática y vitalista a una filosofía intelectualista" ("Bergson critique de Taine". En S. Abiko, H. Fujita, Y. Sugimura (éds.), *Considérations inactuelles. Bergson et la philosophie française du XIXᵉ siècle*, OLMS, Hildesheim-Zürich-New York, 2017, p. 107).

62   Sobre el asociacionismo, cf. H. Bergson, *Cours de psychologie de 1892-1893 au lycée Henri-IV*, Séha-Archè, Paris-Milan, 2008, pp. 255-269.

63   Más allá de las críticas, la obra de Condillac podría verse como un antecedente remoto de ciertas tesis de Bergson en tanto que ha atribuido a la experiencia

En el campo de la filosofía moral, luego de mencionar a Luc de Clapiers, marqués de Vauvenargues, toda la reflexión se concentra en Jean-Jacques Rousseau, uno de los creadores del romanticismo. Bergson no lo admiraba a nivel personal, pero lo consideraba un extraordinario artista y un profundo conocedor del alma humana[64]. Al haber privilegiado la intuición y el sentimiento, se lo puede vincular con Pascal, aunque su orientación intelectual es muy diferente. Y así como este último se contraponía a Descartes, la pareja opuesta a Rousseau es el racionalista Voltaire. Si bien se suele identificar a este último autor con Francia, Bergson no lo consideraba un pensador original, y prefería la escritura musical e intraducible del ginebrino a la prosa volteriana.

De los diferentes libros de Rousseau, los más apreciados por Bergson eran *Julia o la nueva Eloísa, Las confesiones,* el *Emilio o la educación* y, sobre todo, *Las ensoñaciones del paseante solitario,* que consideraba una de las obras maestras de la literatura francesa[65]. En *Las dos fuentes de la moral y de la religión,* el autor distingue entre una emoción infra-intelectual, agitación superficial de la sensibilidad causada por una idea, y una emoción supra-intelectual, nacida de una intuición y generadora de representaciones intelectuales y racionales. Esta emoción creadora desempeña una función análoga en el arte como en la moral, porque permite a la inteligencia emprender y a la voluntad perseverar. Para ilustrarla, hace referencia al amor de Rousseau por el paisaje montañoso:

> Así la montaña ha podido comunicar en todo tiempo a quienes la contemplaban, ciertos sentimientos comparables a sensaciones y que le estaban en efecto adheridos. Pero Rousseau ha creado, a propósito de ella, una emoción nueva y original, que por haberla puesto en

---

motriz un rol primordial en la actividad psíquica. Gabriel Madinier ha desarrollado esta idea en su clásico libro *Conscience et mouvement. Étude sur la philosophie française de Condillac à Bergson*, Félix Alcan, Paris, 1938. Por otra parte, el abate puede ser visto como un precursor de Bergson por su rechazo de los sistemas abstractos. Cf. su *Traité des systèmes* (1749).

64   Cf. J. Chevalier, *Entretiens avec Bergson*, p. 146; I. Benrubi, *Souvenirs sur Henri Bergson*, Delachaux & Niestlé, Neuchâtel, 1942, p. 127.

65   Cf. A. Béguin y P. Thévenaz, *Henri Bergson. Essais et témoignages recueillis*, Éditions de la Baconnière, Neuchâtel, 1943, p. 370.

circulación se ha vuelto corriente. Y todavía hoy es Rousseau quien nos la hace experimentar, tanto o más que la montaña. Sin duda, había razones para que esta emoción, nacida del alma de Jean-Jacques, se aferrase a la montaña mejor que a cualquier otro objeto: los sentimientos elementales, cercanos de la sensación, provocados directamente por la montaña, debían estar de acuerdo con la emoción nueva. Pero Rousseau los reunió y los hizo entrar, como simples acordes, en un timbre del que ha dado, por una verdadera creación, la nota fundamental[66].

Es esta profunda capacidad intuitiva de Rousseau lo que le permitió hacer progresar la noción de libertad. Para Bergson, este progreso no proviene de la especulación pura sino de la intrusión en la filosofía de elementos extraños, como son los elementos sociales, políticos o religiosos. Además, sostiene que el desarrollo de la idea de libertad se ha efectuado de manera discontinua, por una serie de "explosiones" en la historia del pensamiento filosófico. La primera corresponde a Sócrates, y se da en el contexto de las transformaciones de las ideas sociales que ocurren en el siglo de Pericles. La segunda se vincula con el judeocristianismo. Y la tercera se relaciona con Rousseau:

> Finalmente, ha habido una tercera explosión [...] se trata de un proceso instantáneo como una explosión que se relaciona con el movimiento de ideas y de sentimientos de donde debía salir la Revolución de 1789. Veremos en Rousseau a uno de los que han preparado, en opinión unánime, esta revolución en los sentimientos y en las ideas; veremos en Rousseau una fórmula muy clara ya de esta concepción de la libertad; es cierto que no ha encontrado su fórmula completamente filosófica más que en Kant, pero sobre este punto Kant ha estado inspirado de manera directa por Rousseau[67].

Aquí se trata de la libertad política, y esta se manifiesta de manera plena en una sociedad democrática. Su ideal republicano y fraternal (respetuoso de los derechos humanos) tiene orígenes sentimentales que se encuentran, según Bergson, en el alma de Rousseau, la que

---

66 *Les deux sources de la morale et de la religion*, pp. 37-38.

67 *L'évolution du problème de la liberté. Cours au Collège de France 1904-1905*, p. 30.

está marcada por un trasfondo religioso cristiano[68]. Y si bien es un moralista más que un metafísico, en este autor también encontramos la afirmación explícita de la libertad en el sentido del libre albedrío. En un pasaje célebre del *Emilio*, la "Profesión de fe del vicario saboyano", invoca en favor suyo el sentimiento interior, el testimonio de la conciencia inmediata, que es más fuerte que toda evidencia racional que se le oponga[69].

c) El siglo XIX, primera etapa

En el opúsculo, se distinguen por último dos períodos filosóficos: el primero, que se desarrolló entre 1800 y 1875 aproximadamente, y el segundo, que abarca el último cuarto del siglo XIX y principios del XX. Con respecto a la primera etapa, en lo que se refiere a las ciencias, se mencionan diversos autores: Lagrange, Laplace, Ampère, Dumas, Geoffroy Saint-Hilaire y Cuvier. En el campo de la física en particular, y por su relevancia para la filosofía, se destaca el interés de Bergson por la termodinámica. Hace referencia a Joseph Fourier y su *Théorie analytique de la chaleur* (1822), y, sobre todo, a Sadi Carnot que es considerado su fundador (con su libro, de 1824, titulado: *Reflexiones sobre la potencia motriz del fuego y sobre las máquinas adecuadas para desarrollar esta potencia*).

Bergson establece una clara diferencia entre los dos primeros principios de la termodinámica, en cuanto a su alcance ontológico. El primero es el de la conservación de la energía, e implica la eliminación de la duración en beneficio de un universo dado en lo instantáneo y lo atemporal (nada se pierde ni se crea). Ya desde su tesis doctoral, y en distintas oportunidades, Bergson ha llamado la atención sobre su carácter convencional:

No debería exagerarse el papel del principio de la conservación de la energía en la historia de las ciencias de la naturaleza. [...] En su forma actual, y desde la constitución de la teoría mecánica del calor, el principio de la conservación de la energía parece desde

---

68   Cf. *Les deux sources de la morale et de la religion*, p. 300.

69   Cf. J.-J. Rousseau, *Émile ou de l'éducation*, Garnier Frères, Paris, 1951, pp. 317-318; y el comentario de Bergson en *L'évolution du problème de la liberté. Cours au Collège de France 1904-1905*, pp. 304-305.

luego aplicable a la universalidad de los fenómenos físico-quími-cos. Pero nada nos dice que el estudio de los fenómenos fisiológi-cos en general, y nerviosos en particular, no nos revelará, junto a la fuerza viva o energía cinética de que hablaba Leibniz, junto a la energía potencial que ha tenido que añadirse a ella después, una energía de un género nuevo que se distinga de las otras dos en que no se preste más al cálculo. Las ciencias de la naturaleza no perde-rían por ello nada de su precisión ni de su rigor geométrico, como se ha pretendido en estos últimos tiempos; tan solo quedaría com-prendido que los sistemas conservadores no son los únicos sistemas posibles [...]. Observemos, además, que toda aplicación inteligible de la ley de conservación de la energía se hace en un sistema cuyos puntos, capaces de moverse, son también susceptibles de regresar a su posición primera. Al menos se concibe este retorno como posi-ble y se admite que, en esas condiciones, nada habría cambiado del estado primitivo de todo el sistema ni de sus partes elementales. En resumen, que el tiempo no hace mella en él[70].

El segundo, el principio de la degradación de la energía o de Car-not (reformulado luego por el físico alemán Rudolf Clausius), tiene una dimensión metafísica que muestra su afinidad con la intuición fundamental de la filosofía de Bergson. Lo que hace de esta ley algo único en el ámbito científico, es que manifiesta la irreversibilidad de los fenómenos (a diferencia de lo que ocurría en la mecánica clásica). Como plantea en *La evolución creadora*, un sistema relativamente cerrado, como el sistema solar, tiende de manera espontánea hacia un estado de equilibrio irreversible, en el que se nivelarán todas las diferencias de temperatura. Esta es una verdad empírica que se impone a la inteligencia científica y a su orientación proclive a des-conocer la flecha del tiempo:

Otra cosa sucede con el segundo principio de la termodinámica [...]. En efecto, ella [la ley] expresa esencialmente que todos los cambios físicos tienen una tendencia a degradarse en calor, y que el calor mismo tiende a repartirse de una manera uniforme entre los cuer-pos. Bajo esta forma menos precisa se hace independiente de toda

70 *Essai sur les données immédiates de la conscience*, PUF, Paris, 2007, pp. 113-115. Cf. *L'évolution créatrice*, pp. 242-243; *L'énergie spirituelle*, pp. 34-35.

convención; es la más metafísica de las leyes de la física, por cuanto señala, sin símbolos interpuestos, sin artificios de medida, la dirección hacia donde marcha el mundo. Dice que los cambios visibles y heterogéneos unos a otros se diluirán cada vez más en cambios invisibles y homogéneos, y que la inestabilidad a la que debemos la riqueza y la variedad de los cambios que se realizan en nuestro sistema solar cederá poco a poco el lugar a la relativa estabilidad de conmociones elementales que se repetirán de modo indefinido unas a otras. Algo así como un hombre que conservase sus fuerzas, aunque dedicándolas cada vez menos a realizar actos, y acabase por emplearlas enteramente en hacer que sus pulmones respirasen y que latiera su corazón[71].

Según la cosmología espiritualista de Bergson, de inspiración neoplatónica, el origen de la energía que se degrada no es espacial, la materia remite a la interrupción del impulso vital. Es decir que el principio de Carnot-Clausius no rige toda la realidad; la existencia de una materialidad que se deshace o se dispersa implica un movimiento que se hace en sentido contrario de los procesos físicos (la fuerza vital creadora), y que ralentiza la caída de la materia no permitiéndole alcanzar su límite (el espacio homogéneo).

En el terreno de las ciencias de la vida, la mención más importante es la del reconocido fisiólogo Claude Bernard (profesor en la Sorbona, en el Colegio de Francia y en el Museo de Historia Natural) y su *Introduction à l'étude de la médecine expérimentale* (1865), obra en la que promueve la aplicación de un método riguroso a la biología y a la medicina (equivalente a lo que fue el *Discurso del método* de Descartes para las ciencias físico-matemáticas en los siglos XVII y XVIII). El párrafo que se le dedica en el opúsculo es un resumen de algunas de las ideas principales expuestas en el discurso que Bergson pronunció en ocasión de la ceremonia del centenario de su nacimiento, el 30 de diciembre de 1913, y que se titula "La filosofía de Claude Bernard"[72].

---

71 *L'évolution créatrice*, pp. 243-244. Sobre este tema, cf. la tesis doctoral de R. Murillo Zamora, *La notion de causalité dans la philosophie de Bergson*, publicada en la *Revista de filosofía de la Universidad de Costa Rica*, 7, N° 23, 1968, especialmente las pp. 51-55.

72 "La philosophie de Claude Bernard". En *La pensée et le mouvant*, pp. 229-237.

El pensamiento filosófico debe tener en cuenta su teoría del método experimental, que es utilizado por las ciencias de laboratorio que no pierden contacto con la experiencia y sus meandros. La investigación científica es concebida como un diálogo de ida y vuelta entre la mente y la naturaleza, que nunca se interrumpe. El hecho empírico (cuya selección ya implica cierta actividad por parte del investigador) suscita una hipótesis teórica que luego la experiencia debe confirmar. Pero durante todo el procedimiento, el científico debe estar dispuesto a abandonar su idea o a reformularla sobre los hechos. Es decir que el pensamiento, alejado de toda concepción sistemática, debe dilatar sus conceptos o instrumentos intelectuales para poder ajustarse a la realidad, en lugar de forzar a la naturaleza a que se adapte a los moldes de la lógica humana.

Lo que no se desarrolla en el texto, quizá porque es un tema bastante complejo como para sintetizarlo en pocas palabras, es la postura de Bernard con respecto a la vida misma (cuya esencia última no nos revela, puesto que esto implicaría abandonar el campo epistemológico para incursionar en el metafísico). Según la interpretación de Bergson[73], este científico, por un lado, rechazaba el vitalismo superficial de los médicos y de los fisiólogos (como el de Paul-Joseph Barthez) que postulan la existencia en el ser vivo de una fuerza vital neutralizadora de las leyes deterministas fisicoquímicas. Pero, por otro, contra todo reduccionismo, admitía para los fenómenos de organización que presiden la formación de los tejidos y de los órganos una *idea directriz* análoga a un principio de explicación (que tiene en cuenta la coordinación de los elementos en función del todo); y que hace de la fisiología una ciencia especial, distinta de la física y de la química, y que utiliza sus métodos propios.

Bergson tuvo en cuenta estas nociones, pero las amplió en una metafísica de la vida[74]. Admitió el aspecto físico y químico de los fenómenos biológicos, pero al mismo tiempo buscó preservar su

---

73   Además del discurso recién mencionado, cf. *Cours de philosophie de 1886-1887 au lycée Blaise-Pascal de Clermont-Ferrand*, Séha-Archè, Paris-Milan, 2010, pp. 215-216; *Cours de morale, de métaphysique et d'histoire de la philosophie moderne de 1892-1893 au lycée Henri-IV*, Séha-Archè, Paris-Milan, 2010, pp. 286-288.

74   Cf. *L'évolution créatrice*, capítulo primero; la conferencia "La conscience et la vie" (en *L'énergie spirituelle*, pp. 1-28); *Les deux sources de la morale et de la religion*, pp. 115-120.

especificidad, lo propiamente vital en lo viviente. Mediante el análisis y la explicación causal se puede dar cuenta retrospectivamente de la producción de una nueva especie o individuo, pero no se pueden prever las inéditas formas que adoptará la vida. La imagen del impulso vital, que es una representación metafísica fundamentada de manera empírica (susceptible de una certeza creciente), sugiere que la vida es una creación imprevisible de formas (en este sentido, las explicaciones mecanicistas y finalistas tradicionales son insuficientes porque en ellas el tiempo nada hace). Cierto vitalismo (metafísico), por tanto, puede ser atribuido a ambos autores, como el propio Bergson se lo transmitió a Jacques Chevalier:

> He pensado siempre, por mi parte, que Claude Bernard no nos entregó su idea oculta. Lo que él descartó fue solamente ese vitalismo arbitrario y caprichoso que dispensa de buscar una explicación fisiológica. Pero estoy convencido de que el fondo, explícito o implícito, de su pensamiento era ese vitalismo verdadero que los fisiólogos apenas encuentran en su camino, porque estudian más bien los hechos de destrucción que los hechos de creación orgánica[75].

Luego de estos científicos, es preciso hacer referencia a Auguste Comte, pensador que Bergson respetaba por sus aportes a la epistemología y a la sociología, más allá de todas las diferencias que podía mantener con él[76]. Si bien consideraba a su *Curso de filosofía positiva* una de las obras más destacadas de la filosofía moderna, en el cuarto capítulo de *La evolución creadora,* en el que reflexiona sobre la historia del pensamiento filosófico, no lo menciona. A quien sí nombra en reiteradas oportunidades es a Herbert Spencer, filósofo positivista afín al matemático francés y que influyó de manera decisiva en su desarrollo intelectual. La lectura de su texto *Primeros principios*, en el que desarrolla la ley de la evolución, fue lo que lo impulsó a estudiar la noción de tiempo tal como interviene en la física.

Con respecto a la filosofía de la ciencia comteana, la principal teoría que Bergson tiene en cuenta no es la ley de los tres estados (teológico, metafísico, positivo) sino la de la clasificación de las dis-

---

75 *Entretiens avec Bergson*, p. 139.

76 Cf. Bergson, *Cours III. Leçons d'histoire de la philosophie moderne. Théories de l'âme*, pp. 121-124.

ciplinas científicas según su complejidad creciente (desde la matemática hasta la sociología, pasando por la astronomía, la física, la química y la biología), a tal punto que, en más de una oportunidad, la evoca[77]. Si bien Bergson reconoce que Comte prohíbe reducir lo biológico a lo físico o lo orgánico a lo inorgánico[78], desconfía de su propuesta por la orientación general de su pensamiento, que tiende a explicar lo superior por lo inferior:

> Si nos preguntamos cómo Auguste Comte se ha representado estas ciencias y cuál es el principio que ha presidido a esta organización en suma *a priori*, encontramos que sea lo que haya dicho, y sea lo que haya querido hacer, es sobre el modelo de la física que se ha representado todas las ciencias por venir. Aceptaré que haya declarado a las ciencias de orden superior irreductibles a las ciencias inferiores y que haya considerado cada una como teniendo su dominio y su método propios. No es menos cierto que se representa todas las leyes, haga lo que haga, sobre el modelo de las leyes físicas y en definitiva todo método como siendo, con una menor precisión, con algo más laxo, menos riguroso, el método mismo de Galileo. No podía ser de otro modo. Pero esto es muy discutible. Este método se aplica a la física, a las cosas de la física y nada prueba que las ciencias de orden superior no deban seguir un método absolutamente diferente [...][79].

Más allá de esta ordenación, Bergson cuestiona en particular la concepción de la filosofía que se desprende de ella. Su función en el estado positivo, luego de haber erradicado las nociones absolutas, es relacionar las distintas ramas del saber y entregarse al estudio de las generalidades científicas. Él considera que esta concepción es denigrante para la ciencia en tanto se supone que el filósofo es capaz de ir más lejos que el científico en la misma dirección y en el proceso de unificación de la sabiduría humana. Plantea, por el contrario, que no hay ninguna relatividad del conocimiento (postura compartida

---

77 Cf. *L'énergie spirituelle*, pp. 70-71; *La pensée et le mouvant*, p. 34.

78 Cf. *op. cit.*, pp. 273-274. Sobre este tema, cf. S. Abiki, "Bergson et Comte. Entre biologie et sociologie". En S. Abiko, H. Fujita, Y. Sugimura (éds.), *op. cit.*, pp. 77-94.

79 *Histoire des théories de la mémoire. Cours au Collège de France 1903-1904*, pp. 210-211.

por el positivismo y el kantismo), y ubica a la ciencia más alto que cualquier cientificismo al atribuirle, de igual modo que a la metafísica, el poder de alcanzar lo absoluto.

En relación con la sociología o física social, y partiendo de las ideas de su maestro Saint-Simon, Comte comenzó a constituir una ciencia de la sociedad, si bien para Bergson no realizó ningún "descubrimiento capital"[80] en esa disciplina. Como es sabido, en la última etapa de su vida, el matemático estableció una religión nueva, una religión de la Humanidad (o Gran Ser), que al divinizar al hombre hace de él el fin de sus progresos. El interés de Bergson por la sociología, ya implícito en su tesis doctoral con la distinción que establece entre el yo profundo y el yo superficial, se hace manifiesto desde su obra *La risa* (1900), en la que plantea que lo cómico tiene una significación social[81], y llega hasta *Las dos fuentes de la moral y de la religión,* libro en el que retoma las parejas conceptuales comteanas de estática y dinámica, orden y progreso.

En ambos autores, se reconoce la influencia de las personalidades excepcionales en el avance de la sociedad, pero mientras que Comte propone un culto de los hombres que han colaborado en el perfeccionamiento de la existencia común, Bergson llama a continuar de manera original sus acciones en pos de una sociedad abierta. Por otra parte, este último considera que el progreso es más bien la ruptura del orden, lo que implica siempre una creación imprevisible, y no, como pensaba Comte, su simple desarrollo lineal hacia un estado de equilibrio final (fundándose la dinámica social en la estática).

El próximo gran filósofo abordado en el texto es Maine de Biran, contracara de Auguste Comte. De alguna manera, ambos representan el positivismo, pero en tradiciones muy diferentes: la espiritualista y la cientificista. Por eso, el primero parte de la vida interior y del método de introspección, mientras que el segundo limita de manera considerable ese camino (en favor de una orientación biológica de la psicología). Comte aspira a superar de modo definitivo a la metafí-

---

80 Cf. la carta (del 6 de febrero de 1915) a P. Grimanelli, director de la *Revue positivite internationale.* En *Mélanges,* p. 1145.

81 *Le rire. Essai sur la signification du comique,* PUF, Paris, 2007, p. 6. Cf. G. Sibertin-Blanc, "Le rire comme fait social total (éléments de sociologie bergsonienne)". En F. Worms et C. Riquier (éds), *Lire Bergson,* PUF, Paris, 2011, pp. 61-80.

sica en el estado positivo (y postula un antropocentrismo), en tanto que Biran es su principal renovador (y desemboca en una postura teocéntrica). Para Bergson, este filósofo poco conocido (sobre todo, fuera de Francia) es el más destacado metafísico desde Descartes y Malebranche, y es de quien procede toda la corriente del espiritualismo francés, de la que él mismo forma parte[82].

Frente al sensualismo de Condillac y al materialismo de Cabanis, Maine de Biran buscó construir una psicología auténtica, respetuosa de la conciencia humana (el sujeto no es una cosa pasiva) pero que le concede gran importancia a la actividad motriz. Bergson aprecia su interés por la experiencia concreta, alejada de las abstracciones, y que parte de un hecho primitivo captado en el sentido interno: el sentimiento inmediato del esfuerzo por el cual el yo se capta como fuerza y causa libre, singular e irreductible. Al final de sus respectivos recorridos filosóficos, también los aproxima entre sí (y con Pascal), el interés por los sucesos religiosos y místicos. Sin embargo, estas afinidades no implican una influencia directa de un filósofo sobre otro, y lo cierto es que hay marcadas diferencias entre sus respectivos pensamientos[83].

En una entrega de premios que tuvo lugar en 1905, en ocasión del concurso que tenía por tema "Maine de Biran y su lugar en la filosofía moderna", Bergson pronunció estas palabras:

> es la idea maestra de Maine de Biran lo que se debía seguir a través del siglo XIX; la idea de concentrar la atención de la filosofía sobre la vida interior del alma, de situar la personalidad humana, tal como aparece a la conciencia, a medio camino entre lo relativo y lo absoluto de la antigua metafísica, más alto que el "fenómeno" de los kantianos, pero menos alto que su "cosa en sí", además, si se puede hablar así, la idea de penetrar experimentalmente en el

---

82   Cf. H. Bergson, "Compte rendu des «Principes de métaphysique et de psychologie» de Paul Janet". En *Écrits et paroles*, vol. I, p. 127; *Mélanges*, p. 408; *Écrits philosophiques*, p. 211.

83   Sobre este tema, cf. H. Gouhier, "Maine de Biran et Bergson", en *Les études bergsoniennes*, I, Albin Michel, Paris, 1948, pp. 133-173; A. Devarieux, "Maine de Biran – Henri Bergson. L'avenir de la volonté". En C. Riquier (éd.), *Bergson*, Cerf, Paris, 2012, pp. 163-189.

más allá, o al menos de llegar hasta el umbral, tomando por guía la observación interior[84].

Notemos que, en el opúsculo sobre "La filosofía francesa", Bergson no dice lo mismo. Le atribuye a Maine de Biran, en oposición a Kant, la postura de que la mente humana puede alcanzar lo absoluto: "Ha mostrado que el conocimiento del esfuerzo es privilegiado, que sobrepasa el puro «fenómeno» y que alcanza la realidad «en sí»". La primera exposición es más acorde con el pensamiento biraniano, para el cual no hay, estrictamente hablando, conocimiento de lo absoluto sino solo una creencia que no nos enseña nada sobre su naturaleza. Para Biran, no hay experiencia inmediata del yo nouménico, no hay intuición de la sustancialidad del yo como en la filosofía bergsoniana: "Sentimos nuestra individualidad o nuestra existencia fenoménica, pero no sentimos la sustancia misma de nuestra alma ni ninguna otra"[85].

Más allá de esta interpretación un poco forzada de Bergson, que tiende a acercarlo a su propia propuesta, y de acentuar quizá en demasía la tendencia asistemática de Maine de Biran, la presentación resumida que se encuentra en el texto capta la intención fundamental de su filosofía[86]. La idea maestra de su pensamiento es hallar en la profundización de la experiencia de la conciencia la senda que conduce a lo absoluto, la convicción de que por medio del recogimiento y el descenso al fondo de nuestra alma nos elevamos en la vida espiritual. Sin desconocer la importancia de la observación exterior, Bergson considera que este es el camino definitivo por el que debe seguir la reflexión filosófica, y la mejor fórmula que lo caracteriza es la de "una psicología que se prolonga en metafísica"[87].

---

84 "Rapport sur le prix Bordin". En *Écrits et paroles*, vol. II, p. 245; *Mélanges*, p. 665; *Écrits philosophiques*, p. 297.

85 "Note sur un passage très remarquable du témoignage du sens intime par l'abbé de Lignac". En *Œuvres de Maine de Biran*, tome X, PUF, Paris, 1937, p. 377.

86 Cf. la "Introduction" de Henri Gouhier a las *Œuvres choisies de Maine de Biran*, Aubier, Paris, 1943, pp. 22-24.

87 H. Bergson, *Durée et simultanéité. À propos de la théorie d'Einstein*, PUF, Paris, 2009, pp. 32-33.

c) El siglo XIX, segunda etapa, y principios del siglo XX

En el umbral del último período contemplado en el opúsculo, se destaca la figura de Jean Gaspard Félix Laché-Ravaisson-Mollien. Su filosofía conecta el pensamiento de Maine de Biran con el de Bergson, en quien ha influido. Este último lo sucedió, en 1901, en la Academia de ciencias morales y políticas. Unos años después, Bergson pronunció un célebre discurso sobre "La vida y la obra de Ravaisson"[88]. Hay que leer con precaución este texto porque el propio autor reconoce haber "bergsonificado" un poco a quien consideraba su maestro. Esto significa que su propia reflexión filosófica se encuentra proyectada en la de Ravaisson. Al igual que en el caso de Maine de Biran, Bergson unifica su pensamiento, privilegiando algunos aspectos sobre otros, y lo prolonga al punto de deformar algunas de sus ideas[89].

Bergson identifica las principales influencias filosóficas que tuvo Ravaisson: Aristóteles, Plotino, Pascal, Leibniz, Maine de Biran (pero minimiza la de Schelling, a quien conoció en Alemania en 1839). En el discurso de 1904 hace un recorrido por sus obras fundamentales: *Ensayo sobre la Metafísica de Aristóteles* (1837-1846), *Acerca del hábito* (1838), *Informe sobre la filosofía en Francia en el siglo XIX* (1867) y *Testamento filosófico* (1901, póstumo). En el segundo libro, el autor elabora una filosofía de la naturaleza que se fundamenta en la noción de hábito. Según la interpretación de Bergson, que resalta únicamente su aspecto negativo, el hábito debe ser entendido como el paso de la voluntad consciente al automatismo inconsciente, es decir, como una mecanización de lo espiritual:

> Por último, en nuestro tiempo, en una tesis sobre *El hábito*, un filósofo ha mostrado en el hábito el proceso por el que la espontaneidad y la libertad retornan a la naturaleza. [...] El hábito es, pues, la espontaneidad o la actividad libre imitando el mecanismo. Ravaisson va más lejos aún y termina viendo en todo mecanismo una especie de hábito. Mientras que el atomismo, por ejemplo, el materialismo en general, compone lo superior con lo inferior y, partiendo del meca-

---

88 "La vie et l'œuvre de Ravaisson". En *La pensée et le mouvant*, pp. 253-291

89 Cf. la edición crítica de Claire Marin, en *op. cit.*, pp. 474-492; D. Janicaud, *Ravaisson et la métaphysique, généalogie du spiritualisme*, Paris, Vrin, 1997.

nismo, pretende reconstruir las formas más altas de la actividad, por el contrario, según este filósofo, es necesario ver en las formas inferiores de la actividad otras tantas degradaciones, disminuciones de las formas superiores. El hábito nos proporciona el ejemplo de un paso de la espontaneidad a la inercia aparente. Por él comprendemos la transición de la libertad a la naturaleza[90].

La principal huella de Ravaisson en el pensamiento de Bergson se encuentra en *Las dos fuentes de la moral y de la religión*. Para ambos filósofos, el universo es una distensión o debilitamiento del espíritu, la manifestación de un principio divino que se da por un acto de generosidad y amor. Esta liberalidad repercute tanto en la ética como en la estética. El héroe moral, en contacto con la fuerza creadora divina, es quien logra superar la orientación egoísta propia de los individuos de la especie humana. A su vez, el arte, que se dirige a la belleza, reproduce a su manera el esfuerzo generador de la naturaleza naturante, y promueve una conversión de nuestra mirada que, al contemplar el movimiento agraciado, repercute en la esfera moral. Es la misma experiencia intuitiva, diversamente orientada, la que obra en el metafísico, el artista y el místico[91].

A la tesis doctoral de Ravaisson, *Acerca del hábito*, le siguieron otras famosas tesis que revelan cierta afinidad de pensamiento (en tanto que reivindican la libertad frente al mecanismo): *Sobre el fundamento de la inducción*, de Jules Lachelier (1871), *Sobre la contingencia de las leyes de la naturaleza*, de Émile Boutroux (1874), y el *Ensayo sobre los datos inmediatos de la conciencia*, de Henri Bergson (1889). Como bien dice Jean-Louis Vieillard-Baron, así como la filosofía de Ravaisson marcó toda una época de la filosofía en Francia (posterior al eclecticismo cousiniano), a esta la sucedió la del profesor y dialéctico Lachelier:

---

90   *Cours II. Leçons d'esthétique. Leçons de morale, psychologie et métaphysique*, PUF, Paris, 1992, p. 269. Sobre la crítica de los dos autores al mecanismo, cf. Cl. Marin, "Ravaisson et Bergson: la science du vivant", *Annales bergsoniennes III*, PUF, Paris, 2007, pp. 377-392; J. Cazeneuve, *La philosophie médicale de Ravaisson*, PUF, Paris, 1958.

91   Cf. Cl. Marin, "Ravaisson et Bergson. Métaphysique, morale et esthétique". En S. Abilo, H. Fujita.Y. Sugimura (éds.), *Considérations inactuelles. Bergson et la philosophie française du XIXe siècle*, pp. 61-75.

Luego de la era de Victor Cousin para el fin de la Restauración y la monarquía de Julio, después de la era de Ravaisson bajo el segundo Imperio y en los comienzos monarquistas de la Tercera República, vino la era de Lachelier, de 1877 a 1918, de manera aproximada. Especulativamente, con Cousin, la filosofía asocia, incluso unifica, retórica y filología, arte del discurso y hermenéutica; con Ravaisson, lo absoluto, oscuramente presente en la naturaleza, se manifiesta en todas las creaciones del espíritu, en particular en la filosofía y en el arte; por último, con Lachelier, la reflexividad de la conciencia superior nos conduce al umbral del Dios viviente. Bergson seguirá el camino iniciado por Ravaisson, mientras que Blondel seguirá el de Lachelier[92].

Como era de esperarse, al llegar al siglo XX, se multiplica de manera notable la cantidad de los autores mencionados en el opúsculo, y se diversifican los vínculos de la filosofía con otras disciplinas. De modo que tendremos que ser muy selectivos al momento de establecer conexiones con la obra de Bergson. En el texto se distinguen diferentes campos de estudio en la filosofía y se reconocen, en cada uno de ellos, varias tendencias. Los principales son los referidos a los hechos sociales, morales, psicológicos, religiosos y científicos.

Si bien la sociología estaba muy vinculada a la filosofía, y en particular al positivismo de Comte, Bergson reconoce que es una disciplina independiente. A principios de siglo, en el momento en que se estaba consolidando como ciencia, una célebre discusión se planteó entre Gabriel Tarde y Émile Durkheim en torno a las relaciones de la psicología y la sociología. En pocas palabras, mientras que el primero buscaba explicar los hechos sociales en la psicología (o, mejor, inter-psicología) de los individuos que componen la sociedad, el segundo apelaba a una "conciencia colectiva" (heterogénea,

---

92 "Lachelier (1832-1918)", *Revue de métaphysique et de morale,* 2018/3, n° 99, p. 353. Bergson le dedicó su tesis doctoral a Jules Lachelier. En una carta a J. Baruzi, del 5 de marzo de 1937, se refiere a este filósofo. Fue "uno de nuestros *grandes* filósofos, que por desgracia no es apreciado en el extranjero, ni quizá incluso en Francia, como debería serlo. No he conocido espíritu más perspicaz ni más profundo. Tenía una rectitud de pensamiento que parecía fundirse con la integridad de su carácter. Le debo mucho, porque sobre los bancos del colegio, donde se nos enseñaba un cousinismo sentimental, la lectura del *Fundamento de la inducción* vino de repente a revelarme lo que era la filosofía" (*Correspondances,* p. 1565).

trascendente a las conciencias individuales, y dotada de una fuerza coercitiva) para dar cuenta de la vida social. En este debate, Bergson tomó partido por la sociología psicológica de Tarde en contra del sociologismo de Durkheim[93].

Unos años antes, en 1899, Bergson se había postulado para dictar la cátedra de Filosofía moderna en el Colegio de Francia. La elección recayó, finalmente, en Gabriel Tarde[94]. A la muerte de este, en 1904, lo sucedió Bergson, luego de dictar durante cuatro años la cátedra de Filosofía griega y latina[95]. Al principio de la primera lección que impartió le hizo un pequeño homenaje a su predecesor[96]. Bergson destacaba la amplitud de sus intereses (arte, derecho, economía, historia, política, metafísica, criminología), la unidad de su proyecto filosófico, la originalidad y audacia de sus ideas, y reconocía en *Las leyes de la imitación: estudio sociológico* (1890) su principal obra.

¿Cuál es la importancia filosófica que Bergson le atribuía a Gabriel Tarde? En un discurso que pronunció en 1909, en ocasión de la inauguración de un monumento en su memoria, dejó algunas indicaciones muy precisas:

---

93 Más allá de esta preferencia, en los dos primeros capítulos de *Las dos fuentes de la moral y de la religión* Bergson entabló un fructífero diálogo con la sociología de la escuela durkheimiana. Al respecto, dice el filósofo: "Estimo que la sociología es una ciencia y no una escuela. Diversas escuelas pueden encontrarse en ella, como en las otras ciencias morales. Considero mi último libro como un libro de sociología. No ataco de ningún modo a Lévy-Bruhl como tampoco a la «escuela sociológica» [de Durkheim]. Solo llevo el análisis en una dirección que no han seguido. Y sus conclusiones son a menudo compatibles con las mías, que vienen entonces a sobreañadirse a ellas" (citado en F. Keck, "Bergson et l'anthropologie. Le problème de l'humanité dans *Les deux sources de la morale et de la religion*". En F. Worms (éd.), *Annales bergsoniennes I*, PUF, Paris, 2002, p. 196, nota 1). Sobre las diferencias de pensamiento entre Bergson y Durkheim (y sus discípulos), además del artículo mencionado de Keck, cf. de B. Sitbon-Peillon, "Supraspiritualité et hyperspiritualité chez Bergson et Durkheim". En G. Waterlot (éd.), *Bergson et la religion. Nouvelles perspectives sur* Les deux sources de la morale et de la religion, PUF, Paris, 2008, pp. 163-190; H. Delitz, "L'impact de Bergson sur la sociologie et l'ethnologie françaises", *L'Année sociologique*, 2012, 62, n°1, pp. 41-65.

94 Cf. la carta de Bergson a Mme. Raffalovich (del 8 de enero de 1900). En *Correspondances*, p. 49.

95 Cf. *Mélanges*, p. 649.

96 Cf. *L'évolution du problème de la liberté. Cours au Collège de France 1904-1905*, pp. 15-17.

LA FILOSOFÍA FRANCESA

[El pensamiento de Tarde] nos conduce, por mil caminos diferentes, a ver, en las iniciativas individuales y en la influencia de estas iniciativas alrededor de ellas, la verdadera causa de lo que se hace en una sociedad e incluso de lo que sucede en el mundo. Seducidos por los bellos logros de las ciencias físicas, estamos demasiado dispuestos a construir las ciencias sociales sobre el mismo modelo, a plantear en principio que la evolución de las sociedades debe obedecer a leyes inevitables, a representarnos los acontecimientos históricos como los resultados necesarios de fuerzas ciegas, impersonales, que se compondrían entre sí de manera mecánica. Contra esta tendencia, que se ha vuelto natural a nuestro espíritu, protesta toda la filosofía de Tarde. Sin duda, las sociedades humanas están atravesadas por corrientes, pero en el origen de cada corriente hay un impulso, y el impulso proviene de un hombre. Sin duda, la evolución de las sociedades está regida por leyes, pero estas leyes son de igual naturaleza que las que presiden a la formación y al desarrollo de nuestro carácter individual. Como la historia de cada uno de nosotros se explica por las iniciativas que ha tomado y por los hábitos que ha contraído, así la vida de las sociedades está hecha de las invenciones que han surgido aquí y allá y de las modificaciones durables que estas invenciones han traído al hacerse adoptar. Como cada uno de nosotros, una vez adquirido el hábito, se repite y se copia a sí mismo, así, en una sociedad, todos los hombres se imitan indefinidamente unos a otros. La imitación es, por tanto, la verdadera ley, tan universal en el mundo de los espíritus como la gravitación en el mundo de los cuerpos. Pero, a diferencia de la ley de gravitación, es una ley suave y flexible, como todo lo que es humano[97].

Bergson tendría en cuenta algunas de estas ideas en *Las dos fuentes de la moral y de la religión*. Rechazando las fatalidades históricas, planteó que el avance profundo de la humanidad solo es posible a partir de las iniciativas creadoras de las grandes personalidades morales y religiosas (que retoman y prolongan el impulso vital). Estos hombres y mujeres (héroes, santos y místicos) son ejemplos que, por el solo hecho de existir, arrastran a la acción a otras

---

97 "Discours sur Gabriel Tarde". En *Mélanges*, pp. 799-800; *Écrits philosophiques*, pp. 375-376.

personas que buscan ser sus continuadores[98]. Al igual que en Tarde, hay una causalidad *sui generis* que ejercen sobre otros espíritus, siendo la imitación la forma en que se propagan las invenciones de esos modelos.

Sin embargo, hay diferencias entre ambos planteos[99]. Nos limitamos a mencionar las dos siguientes. Para Tarde, en el origen de toda iniciativa creadora no hay en última instancia una sola conciencia (como para Bergson), sino múltiples, con sus respectivas creencias y deseos, que luego de los conflictos suscitados entre sí terminarán unificándose y manifestándose en un individuo excepcional. Además, para Tarde, de las invenciones individuales derivan, por difusión imitativa, las conductas del grupo humano (el lenguaje, las ideas, las costumbres, etc.), lo que repercute en la fuerza del vínculo social (aunque pueden llegar a ampliarse a otras sociedades), mientras que Bergson refiere la imitación sobre todo a las acciones morales heroicas, aquellas que trascienden la sociedad cerrada que se caracteriza por comprender a un cierto número de individuos y excluir a otros.

En cuanto a los estudios psicológicos, se destaca la figura de Théodule Ribot, por su inmensa influencia en el nacimiento de la psicología experimental francesa[100]. Formado en el contexto del eclecticismo, rechazó por completo la vaga psicología metafísica de Royer-Collard, Jouffroy y Cousin. Frente a la observación interior, utilizada por los eclécticos (y por los asociacionistas ingleses), Ribot reivindicó sobre todo los métodos experimentales. Mientras que los alemanes pusieron el acento en la psicofísica (la medición de los estados psíquicos), él promovió en Francia el método patológico (que estudia las enfermedades mentales con el objeto de conocer mejor por medio de ellas el funcionamiento normal de la mente). Sus clásicos libros

---

98   Cf. *Les deux sources de la morale et de la religion*, pp. 30 y 102.

99   Sobre los vínculos entre ambos autores, cf. A. Bouaniche, "Imitation et émotion: Bergson lecteur de Tarde", *Cahiers de philosophie de l'Université de Caen*, 2017, N°54, pp. 59-72; P. Montebello, "Tarde avant Bergson. Le statique et le dinamique", *doispontos:*, 2017, vol. 14, n°2, pp. 161-169; J. Milet, *Gabriel Tarde et la philosophie de l'histoire*, Paris, Vrin, 1970.

100   Sobre Ribot, cf. L. Dugas, *Le philosophe Théodule Ribot*, Payot, Paris, 1924; y el artículo más reciente de S. Nicolas, M. Sabourin, P. Piolino, "The seminal contributions of Théodule Ribot (1839-1916): The centenary of the passing of the founder of modern french psychology", *L'Année psychologique*, 2016/4, vol. 116, pp. 519-546.

sobre *Las enfermedades de la memoria* (1881), *Las enfermedades de la voluntad* (1883) y *Las enfermedades de la personalidad* (1885) son un buen ejemplo del uso del método mórbido.

Al igual que Ribot, Bergson también reconoció la constitución de la psicología como ciencia independiente y la fecundidad del método psicopatológico (en particular, para acceder a los estados "subconscientes"). Pero esta autonomía conlleva cierto peligro en la medida en que, al alejarse de la verdadera metafísica, corre el riesgo de olvidar la duración, y, por tanto, de desnaturalizar los hechos psicológicos. En *Materia y memoria*, Bergson utilizó tanto el método objetivo como la introspección profunda, y es por eso por lo que resulta un libro tan complejo. Es así como el segundo capítulo fue publicado primero en la *Revue philosophique de la France et de l'étranger* (fundada y dirigida por Ribot), que era la principal revista de psicología científica de la época, y el cuarto en la (rival) *Revue de métaphysique et de morale*[101].

Un tema en el que se manifiesta la gran diferencia de perspectivas de ambos autores es el de la memoria. Ribot propone una teoría fisiológica[102]. Según él, toda percepción produce en el cerebro modificaciones físico-químicas de ciertas células y también el establecimiento de asociaciones dinámicas en los tejidos nerviosos. Los estados psicológicos corresponden al paso de la corriente nerviosa a través de un grupo determinado de células cerebrales (epifenomenismo). Bastará que una de estas células sea excitada para que todo el sistema se active, y la impresión primitiva reaparecerá bajo la forma de recuerdo. La memoria es, primero, un fenómeno orgánico e inconsciente, que se funda sobre las propiedades del sistema nervioso. La memoria psicológica es un caso particular del carácter retentivo propio de la materia organizada en general.

A la célebre frase de Ribot: "la memoria es, por esencia, un hecho biológico; por accidente, un hecho psicológico"[103], Bergson la habría invertido. Es la duración psicológica el fundamento de la memoria

---

101 Sobre estas dos publicaciones, cf. F. Azouvi, *La gloire de Bergson. Essai sur le magistère philosophique*, Gallimard, Paris, 2007, pp. 42-44.

102 Bergson la analiza en *Cours I. Leçons de psychologie et de métaphysique*, pp. 171-172; *Cours II. Leçons d'esthétique. Leçons de morale, psychologie et métaphysique*, pp. 347-350; *Cours de psychologie de 1892-1893 au licée Henri-IV*, pp. 170-177.

103 *Les maladies de la mémoire*, Félix Alcan, Paris, dix-huitième édition, 1906, p. 1.

pura, y esta no está localizada en el cerebro. La actividad cerebral, si funciona de manera adecuada, evoca los recuerdos útiles para la acción presente, pero no los almacena. La enseñanza que se desprende de *Materia y memoria* es que hay ciertos hechos psicológicos y neurológicos que, correctamente interpretados, nos sugieren con cierto grado de probabilidad que hay una memoria espiritual (e indestructible) independiente del cuerpo. Y que, si bien se diferencia por naturaleza de los hábitos motrices, en el reconocimiento completo se da la unidad de las imágenes-recuerdos y de los movimientos corpóreos.

Por otra parte, Ribot formuló las leyes de desaparición de los recuerdos. Cuando la memoria se pierde, el orden de destrucción de los recuerdos es inverso al orden de adquisición. Hay una regresión de lo más reciente, complejo y voluntario, a lo más antiguo, simple y automático. Además, en las amnesias progresivas, los recuerdos más particulares se borran primero y los más generales sobreviven más tiempo. En el pasaje que citamos a continuación, Bergson admite los hechos planteados por Ribot, pero propone una explicación muy diferente, más vinculada a la pérdida progresiva de una función cerebral global que al número de recuerdos. No es la repetición de las palabras, es decir la mayor estabilidad de las asociaciones de las células nerviosas, lo que explica la resistencia al olvido, sino su disposición para ser imitadas por el cuerpo[104]:

> Reflexionen ahora en lo que se observa en la afasia progresiva, es decir en los casos en que el olvido de las palabras va siempre agravándose. En general, las palabras desaparecen entonces en un orden determinado, como si la enfermedad conociese la gramática: los nombres propios se disipan primero, luego los nombres comunes, después los adjetivos, y por último los verbos. He aquí, a primera vista, que parecerá darse razón a la hipótesis de una acumulación de los recuerdos en la sustancia cerebral. Los nombres propios, los nombres comunes, los adjetivos, los verbos constituirían otras tan-

---

104   Cf. S. Nicolas, "Les idées sur la mémoire d'un contemporaine de Bergson: Théodule Ribot (1839-1916)". En E. Jaffard, B. Claverie, B. Andrieu (éds.), *Cerveau et mémoires. Bergson, Ribot et la neuropsychologie*, Osiris, Paris, 1998, pp. 55-68; M. Choi, "Ribot et Bergson, la théorie de la mémoire", *Proceedings of the XXII World Congress of Philosophy*, Korean Philosophical Association, 2010, vol. 54, pp. 35-41.

tas capas superpuestas, por así decir, y la lesión alcanzaría estas capas una después de otra. Sí, pero la enfermedad puede deberse a las causas más diversas, tomar las formas más variadas, comenzar en un punto cualquiera de la región cerebral interesada y progresar en cualquier dirección: el orden de desaparición de los recuerdos es el mismo.

¿Sería posible esto, si la enfermedad atacase a los recuerdos mismos? El hecho debe, pues, explicarse de otro modo. He aquí la interpretación muy simple que propongo. Primero, si los nombres propios desaparecen antes que los nombres comunes, estos antes que los adjetivos, los adjetivos antes que los verbos, es que resulta más difícil recordar un nombre propio que un nombre común, un nombre común que un adjetivo, un adjetivo que un verbo; la función de llamada, a la que el cerebro presta, evidentemente, su concurso, deberá por tanto limitarse a casos cada vez más fáciles a medida que se agrave la lesión del cerebro. ¿Pero de dónde proviene la mayor o menor dificultad de la llamada? ¿Y por qué los verbos son, de todas las palabras, las que tenemos menos dificultad para evocar? Es, en síntesis, porque los verbos expresan acciones y la acción puede ser imitada. El verbo es imitable directamente, el adjetivo no lo es sino por intermedio del verbo que envuelve, el sustantivo por el doble intermedio del adjetivo que expresa uno de sus atributos y del verbo implicado en el adjetivo, el nombre propio por el triple intermedio del nombre común, del adjetivo y aun del verbo. Por tanto, a medida que vamos del verbo al nombre propio, nos alejamos más de la acción inmediatamente imitable, representable por el cuerpo. Se hace necesario un artificio cada vez más complicado para simbolizar en movimiento la idea expresada por la palabra que se busca; y, como es al cerebro al que incumbe la tarea de preparar estos movimientos, como su funcionamiento es tanto más disminuido, reducido, simplificado sobre este punto cuanto la región interesada es lesionada de manera más profunda, no hay nada de sorprendente en que una alteración o una destrucción de los tejidos, que hace imposible la evocación de los nombres propios o de los nombres comunes, deje subsistir la del verbo. Aquí, como en otros casos, los hechos nos invitan a ver en la actividad cerebral un extracto gesticulado de la actividad mental, y no un equivalente de esta actividad[105].

Con respecto al pensamiento religioso, Bergson percibe en su época un renacimiento del interés por este campo de estudio, en diversas direcciones. La que más le atrae, sin duda, es la que se vincula con el descubrimiento y comprensión de los místicos. De los distintos autores señalados, por la influencia que iba a ejercer sobre él, se puede mencionar a su antiguo alumno en el liceo Henri-IV, Henri Delacroix. Si bien tuvo una formación filosófica, se orientó progresivamente hacia la psicología, llegando a ser profesor de esta disciplina en la Sorbona entre 1919 y 1937, y ejerciendo una gran autoridad en el período de entreguerras, como la había tenido Ribot unas décadas antes.

De sus estudios sobre la religión, el lenguaje y el arte, Bergson se concentró en los primeros. En relación con su trilogía religiosa (*Essai sur le mysticisme spéculatif en Allemagne au XIVᵉ siècle*[106] [1899], *Études d'histoire et de psychologie du mysticisme. Les grands mystiques chrétiens* [1908], *La religion et la foi* [1922]), la segunda obra es la que acaparó su reflexión, a tal punto que, en *Las dos fuentes de la moral y de la religión*, afirma que este libro "merecería llegar a ser clásico"[107]. A partir de su texto de 1922, y en la producción siguiente (*Le langage et la pensée* [1924], *La psychologie de l'art. Essai sur l'activité artistique* [1927], entre otros ensayos), se percibe un viraje intelectualista[108] que lo alejaría de la filosofía bergsoniana.

---

105   H. Bergson, "L'âme et le corps". En *L'énergie spirituelle*, pp. 53-55. Cf. *Matière et mémoire. Essai sur la relation du corps à l'ésprit*, PUF, Paris, 2008, pp. 133-134.

106   Esta es la tesis doctoral de Delacroix, en la que busca en la especulación religiosa del medioevo germano, los orígenes de la filosofía idealista alemana. En el tribunal estuvieron: V. Brochard, L. Lévy-Bruhl, É. Boutroux, G. Séailles y V. Egger. En una carta dirigida al autor (del 28 de mayo de 1900), Bergson le dice: "Me ha impresionado en particular su capítulo sobre la relación de Eckart con el neoplatonismo" (*Correspondances*, p. 51).

107   *Les deux sources de la morale et de la religion*, p. 241, nota 1.

108   Cf. C. Bouglé: "Psychologie et philosophie (l'œuvre de H. Delacroix)", *Revue de Paris*, 1937, 4, pp. 908-918; M. Pradines: "L'œuvre de Henri Delacroix", *Revue de métaphysique et de morale*, 1939, 1, pp. 109-145; N. Pizarroso y F. Fruteau, "Henri Delacroix (1873-1937): Hacia una psicología de las formas simbólicas", *Revista de historia de la psicología*, 2004, vol. 25, 4, pp. 129-140.

Si bien hay otros antecedentes[109], la lectura de los *Estudios* sobre la psicología de los místicos fue decisiva en el descubrimiento del misticismo, por parte de Bergson. Delacroix estudia, a partir de documentos históricos (observaciones autobiográficas, cartas, etc.), tres casos de místicos cristianos (más experienciales que especulativos), de países y épocas diversos: Santa Teresa de Jesús, Madame Guyon[110] y Suso. Luego de haber escrito *La evolución creadora* (1907), Bergson vaciló por un tiempo entre escribir una obra de estética o una de moral. Finalmente, decantó por la segunda, en tanto que la creación moral revela mejor que la creación artística el significado de la vida[111]. En 1909, Bergson presentó un informe[112] sobre el libro de Delacroix en el que ya aparecen varias tesis de *Las dos fuentes de la moral y de la religión*, lo que revela la influencia de su exalumno.

En una nota que escribió Delacroix, sintetiza lo principal de su obra anterior:

> Creo haber establecido en un libro reciente que los grandes místicos católicos, insatisfechos de la supresión momentánea de la vida individual y de la conciencia del yo que el éxtasis provoca, y de la disociación que opera entre la contemplación y la acción, realizan –tras el período extático– un estado superior y definitivo –el estado teopático– en el que sin abandonar la contemplación que los absorbe en Dios, se sienten movidos por Dios mismo a actuar y llevados, por su operación inmediata y continua, a trabajar en el

---

109 Como la obra de William James, *The varieties of religious experience: A study in human nature* (1902). Cf. la carta de Bergson a James del 6 de febrero de 1903 (*Mélanges*, pp. 579-581). Sobre los antecedentes, cf. H. Gouhier, *op. cit.*, pp. 101-106; *Bergson et le Christ des évangiles*, Vrin, Paris, 1999, pp. 96-103; G. Waterlot, "Le mysticisme, «un auxiliaire puissant de la recherche philosophique»?". En G. Waterlot (éd.), *op. cit.*, pp. 257-261.

110 En el texto "Algunas palabras sobre la filosofía francesa y sobre el espíritu francés" (que se encuentra en el Apéndice de esta edición), Bergson contrapone a dos autores franceses: Fénelon (que se carteaba con Mme. Guyon) y Bossuet, que se enfrentaron en la controversia del quietismo.

111 Cf. "La conscience et la vie". En *L'énergie spirituelle*, pp. 24-25. N. Kisukidi desarrolla este tema en su libro *Bergson ou l'humanité créatrice*, CNRS éditions, Paris, 2013, capítulo 3 de la segunda parte.

112 Cf. "Rapport sur «Études d'histoire et de psychologie du mysticisme» d'Henri Delacroix". En *Écrits et paroles*, vol. II, pp. 313-314; *Mélanges*, pp. 788-790; *Écrits philosophiques*, pp. 370-372.

mundo. La conciencia del Yo se borra de manera definitiva ante la conciencia de lo divino, al mismo tiempo que una fuerza superior, una inconsciente energía organizadora se ocupa de la acción, sin la cual no es vida cristiana[113].

Bergson recupera la idea tradicional de que el místico pasa por una sucesión de estados. Pero, siguiendo a Delacroix, considera que el éxtasis no es el grado supremo de la vida mística (lo que promovía a veces su interpretación como un trastorno psicológico). Luego del ascetismo, el éxtasis y la crisis espiritual, viene el misticismo completo, que es el misticismo activo en tanto que abarca el pensamiento, el sentimiento y la voluntad (el estado teopático, en palabras de Delacroix)[114]. Además de este planteo, Bergson también toma de él la distinción entre los grandes místicos creadores y los místicos de segundo orden, los imitadores[115]; la idea de que, más allá de las diferencias temporales, de los lugares y de las circunstancias históricas, hay rasgos místicos esenciales compartidos[116]; por último, que la mística se sustenta en la intuición de un absoluto creador que se derrama[117].

Para finalizar, en el campo de la epistemología, Bergson alude a diversos autores que defendían el convencionalismo, postura muy debatida a fines del siglo XIX y principios del XX. Por un lado, establece una conexión con la tradición metafísica. Como hemos visto, Ravaisson consideraba que las leyes físicas eran simples hábitos de la naturaleza. Su discípulo, Émile Boutroux, desarrolló esta idea en el sentido de que las leyes son contingentes (no rigiendo el determinismo

---

113 "Note sur christianisme et mysticisme", *Revue de métaphysique et de morale*, 1908, 6, p. 771. En una carta del 18 de febrero de 1909, Bergson le agradece el envío de este trabajo y le hace el siguiente comentario: "Es interesantísimo, y plantea la cuestión que tengo por crucial en tal materia, la de saber lo que hay de naturalmente sentido y lo que hay de intelectualmente construido en el éxtasis del místico" (*Correspondances*, p. 248). Delacroix señala la influencia de seudo Dioniso (y, por tanto, del neoplatonismo) en la configuración de la mística cristiana. En *Las dos fuentes*, Bergson busca captar la intuición mística, prolongación de la intuición metafísica, en forma independiente de los aspectos doctrinales.

114 Cf. *Les deux sources de la morale et de la religion*, pp. 240-241.

115 Cf. *op. cit*, pp. 259-260.

116 Cf. *op. cit.*, p. 261.

117 Cf. *op. cit.*, p. 262.

LA FILOSOFÍA FRANCESA

en la naturaleza). En su libro *Sobre la contingencia de las leyes de la naturaleza*, plantea que, al pasar del mundo matemático al mundo físico, de este al mundo viviente, y de este al mundo espiritual, la necesidad va disminuyendo y aumentando la contingencia. De donde resulta que las leyes de la naturaleza, formuladas por los científicos, son relativas y no alcanzan la realidad última de las cosas:

En cuanto a las leyes de la naturaleza, no tendrían una existencia absoluta; expresarían simplemente una fase dada, una etapa y como un grado moral y estético de las cosas. Serían la imagen, obtenida y fijada de modo artificial, de un modelo viviente y móvil por esencia. [...] Más arraigado y pasivo a medida que el ideal es menos elevado y mediato, el hábito se traduce de manera sucesiva por facultades, instintos, propiedades y fuerzas. Da a los seres inferiores la apariencia de un tejido de leyes sin vida. Pero el hábito no es la sustitución de una fatalidad sustancial a la espontaneidad: es un estado de la espontaneidad misma. [...] A medida que los seres dejan así de vivir únicamente para sí mismos, y que se vuelve más espontánea y completa la subordinación del ser inferior al superior, la adaptación interna de las condiciones a lo condicionado, de la materia a la forma, disminuye también, en el mundo, la uniformidad, la homogeneidad, la igualdad, es decir el imperio de la fatalidad física. El triunfo completo del bien y de lo bello haría desaparecer las leyes de la naturaleza propiamente dichas y las reemplazaría por el libre vuelo de las voluntades hacia la perfección, por la libre jerarquía de las almas[118].

Por otro lado, establece también una conexión con los matemáticos Henri Poincaré (considerado por lo general el inventor de la

---

118   É. Boutroux, *De la contingence des lois de la nature*, Félix Alcan, Paris, 1913, septième édition, pp. 169-170. En el *Ensayo sobre los datos inmediatos de la conciencia* Bergson retoma del libro de Boutroux la idea de que los estados cualitativos de la realidad son heterogéneos y no pueden medirse (pero lo hace basándose en la experiencia de la duración). De ahí el cuestionamiento, al abordar el estudio de la libertad, de la aplicación del principio de la conservación de la energía al plano psicológico, no habiendo equivalencia entre las causas y los efectos psíquicos profundos. Cf. L. Fedi, "Bergson et Boutroux, la critique du modèle physicaliste et des lois de conservation en psychologie", *Revue de métaphysique et de morale*, 2001/2, n° 30, pp. 97-118.

posición convencionalista, aunque nunca utilizó esa expresión[119]) y Édouard Le Roy. Este discípulo de Bergson es el coautor de la segunda edición del opúsculo sobre la filosofía francesa, y fue quien lo sucedió en el Colegio de Francia (1921) y en la Academia Francesa (1945). En el tercer capítulo de *La evolución creadora*, el autor lo elogia por sus consideraciones sobre el carácter convencional de los sistemas de medida[120]. Sin embargo, es preciso no confundirse, Bergson no comparte su planteo nominalista, según el cual las leyes científicas no tienen alcance ontológico[121].

Así como el orden material es lo inverso del proceso vital, un déficit, las leyes físicas y matemáticas tienen un carácter negativo en relación con la verdadera positividad que se define en términos psicológicos. La ciencia físico-matemática posee un carácter convencional en la medida en que espacializa a la materia haciéndola aparecer más fragmentada de lo que es en verdad (con el objeto de actuar sobre ella). Y, no obstante, los razonamientos del matemático y del físico tienden a acercarse a la objetividad porque la materia, al estar lastrada de geometría, está adaptada a la inteligencia humana[122].

119 Desde una perspectiva crítica, R. Berthelot ha señalado las semejanzas y las diferencias que percibe entre los pragmatismos parciales de Bergson y Poincaré. Cf. *Un romantisme utilitaire. Étude sur le mouvement pragmatisme*, vol. II: *Le pragmatisme chez Bergson*, Félix Alcan, Paris, 1913, pp. 64-72.

120 Sobre todo, en su trabajo "Science et philosophie", *Revue de métaphysique et de morale*, 1899, n°4, pp. 375-425; n°5, pp. 503-562; n°6, pp. 706-731; 1900, n°1, pp. 37-72.

121 Sobre el convencionalismo científico, afirma Bergson: "En ese sentido y en esa medida hay que considerar la ciencia como convencional, pero con una convencionalidad de hecho, por así decir, y no de derecho. En principio la ciencia positiva se refiere a la realidad misma con tal de que no se salga de su dominio propio, que es la materia inerte" (*L'évolution créatrice*, p. 208). Cf. D. Pradelle, "Quelle est la portée ontologique des sciences? Bergson et Le Roy". En C. Riquier (éd.), *op. cit.*, pp. 105-137.

122 "Es en este sentido que el progreso de nuestra física me parece acercarla a la materia misma, en su esencia «absoluta». En efecto, hay dos partes en nuestra ciencia: una cosa es el *concepto* y otra la *ley* o *relación matemática*. Los conceptos ayudan a la ciencia, pero no son jamás para ella más que esquemas provisorios. El objeto último de la ciencia es descubrir relaciones matemáticas e incluso resolver la materia en relaciones de este género. Ahora bien, estimo que esta geometría es el fondo mismo de la materia, que es inmanente a la percepción que tenemos de ella. Nuestra inteligencia, que va naturalmente a la geometría, concuerda con la materia. He aquí por qué dije que la inteligencia, tan incapaz para comprender el espíritu, tan incompetente en el dominio de la vida (que es

Frédéric Worms ha explicado con claridad la postura moderada de Bergson en el debate entre intelectualistas y convencionalistas:

La física matemática no es ni por completo relativa y convencional, ni por completo absoluta y objetiva, es en efecto segunda y parcial, capta *una parte de lo real,* pero solo en lo que tiene de derivado de otra parte que le escapa por principio. Le Roy (explícitamente citado, [*L'évolution créatrice*], p. 219) e incluso Poincaré se equivocan al defender un convencionalismo radical; pero sus adversarios, realistas o criticistas por lo demás, se trate de Duhem o Brunschvicg, se equivocan también al creer que la estructura de lo real o de la experiencia responde enteramente a los actos intelectuales de nuestra mente. *Hay algo absoluto, no en tal o cual ley de la física matemática, sino en la estructura matemática de la ley física en general, en que alcanza precisamente lo que la realidad física tiene de matemática,* no siendo esto justamente *sino una parte,* o sino un aspecto de la realidad física en su conjunto, el revés del acto positivo e inmanente de creación que la ha constituido y la constituye todavía, y que depende, por su parte, de un enfoque metafísico[123].

¤ ¤ ¤

A continuación del recorrido que hemos seguido, en el que hemos dejado de lado a muchos pensadores destacados para concentrarnos en unos pocos, podríamos preguntarnos cuál es la imagen de la filosofía bergsoniana que se nos trasmite en el párrafo del opúsculo dedicado a ella. En la segunda versión, a las líneas escritas por el autor sobre sí mismo en la primera, se suman algunas de su discípulo. Mientras que Bergson pone el acento en la cuestión metodológica, que años después desarrollaría de manera extensa en los dos primeros ensayos de *El pensamiento y lo moviente*[124], Le

---

lo que hay de *positivo* en la realidad), está a gusto en el dominio de la materia inerte" (H. Bergson, "Réponse à l'article de W.B. Pitkin «James and Bergson»". En *Écrits et paroles,* vol. II, p. 344; *Mélanges,* pp. 823-824; *Écrits philosophiques,* p. 387).

123 *Bergson ou les deux sens de la vie,* PUF, Paris, 2004, p. 236, nota 1.

124 "Introduction (première partie). Croissance de la vérité. Mouvement rétrograde du vrai"; "Introduction (deuxième partie). De la position des problèmes". En *La pensée et le mouvant,* pp. 1-98.

Roy se limita a señalar los temas abordados por su maestro en sus cuatro principales obras, indicando que ninguno de sus libros se deduce de manera geométrica del anterior.

Luego de haber reconstruido toda la historia de la filosofía francesa, Bergson considera que su principal aporte a esta ha sido la creación de una metafísica positiva, es decir de una metafísica que sigue de cerca a la realidad, una realidad que se está haciendo y que es fuente de imprevisible novedad. La antigua metafísica es una construcción frágil y sistemática, elaborada por el entendimiento de un filósofo, que deriva todos los hechos temporales de una unidad conceptual abstracta, vacía y eterna. La historia de la filosofía se reduce entonces, según esta última concepción, a una sucesión interminable de teorías que se enfrentan, cada una de las cuales pretende encerrar la totalidad de lo real en fórmulas simples y definitivas. La nueva metafísica que propone Bergson no es una doctrina que se suma a las ya existentes, sino que es la invitación a realizar una filosofía novedosa. Es por eso por lo que debe haber una sola filosofía, como hay una sola ciencia, y no tiene que construirse en base a ideas genéricas, demasiado amplias, encerradas en el lenguaje habitual.

La metafísica positiva presenta diversas características. En primer lugar, la precisión, pero una precisión que no es de índole matemática. La intuición bergsoniana es una visión directa de lo real, sin el velo interpuesto del espacio geométrico, lo que permite captar las cosas en su singularidad y *sub specie durationis*. Así, no son los objetos los que deben someterse a nuestros rígidos conceptos preexistentes, sino que nuestras explicaciones deben utilizar representaciones conceptuales flexibles que se adapten a cada realidad en particular. Luego, incorpora el criterio del progreso, propio de la ciencia. Los nuevos conocimientos se irán sumando a los ya adquiridos, y se podrán ir resolviendo de manera gradual los problemas especiales que suscite el ahondamiento de la experiencia, tanto interna como externa. Lo vasto del proyecto implica, a continuación, que será una filosofía hecha en colaboración. Se debe constituir en forma paulatina por el esfuerzo colectivo de numerosos pensadores que se irán completando y corrigiendo entre sí. Por último, como la materia y el espíritu tienen una frontera común, la ciencia y la metafísica se complementarán y fecundarán entre sí (alcanzado la inteligencia y la intuición su pleno desarrollo).

Esta confluencia de ciencia y metafísica se encuentra en las principales obras de Bergson. Como bien señala Le Roy, en ellas se ocupa de los grandes temas de la filosofía tradicional (la libertad, la relación psicofísica, la vida, la moral y la religión). Pero lo que no menciona es que siempre aborda estas cuestiones en diálogo con diversas disciplinas[125]. En el *Ensayo sobre los datos inmediatos de la conciencia* con la psicología experimental, en *Materia y memoria* con las neurociencias nacientes, en *La evolución creadora* con los evolucionismos científicos, en *Las dos fuentes de la moral y de la religión* con la sociología, la antropología, la etnología y la historia de las religiones. Cada uno de estos libros fue precedido de años de estudio riguroso de los hechos empíricos. El resultado final siempre incluye, por un lado, la denuncia de una mala metafísica inconsciente, es decir de una espacialización (de la conciencia, de la memoria, de la vida y de los fenómenos morales y religiosos), por otro, la reanimación de los saberes involucrados gracias a la intuición de la *durée*.

Si bien en el opúsculo hay diversos autores contemporáneos mencionados que manifiestan alguna influencia de sus planteos, Bergson destaca en particular a dos de sus discípulos: Édouard Le Roy y Jacques Chevalier. Sus respectivas obras sobre el maestro: *Une philosophie nouvelle: Henri Bergson* (1912) y *Bergson* (1926, y segunda edición ampliada en 1947) sirvieron para difundir, en un público amplio, las principales ideas de la filosofía de la duración. Sin embargo, cabe preguntarse si en sus recorridos intelectuales, ellos y sus seguidores, fueron realmente fieles a la propuesta metodológica de Bergson que hemos esbozado más arriba[126].

---

125 Cf. A. Panero, *Bergson*, Ellipses, Paris, 2016, pp. 14-15.

126 Al respecto, es muy pertinente la aclaración que hace Vieillard-Baron sobre las primeras generaciones de seguidores de Bergson: "Los grandes discípulos de Bergson fueron, además de Charles Péguy, Édouard Le Roy, Jacques Chevalier, Albert Thibaudet, Henri Delacroix, Jean Baruzi. Más jóvenes que ellos, Vladimir Jankélévitch, Jean Guitton, Gabriel Marcel y Jean Wahl. De hecho, lo que han recibido de su maestro es sobre todo una irreductible oposición al positivismo materialista y cientificista. A esto se suma un sentido de lo espiritual y una orientación de la filosofía hacia la mística. Pero ninguno de ellos ha retenido de verdad esta preocupación por la experiencia concreta, este rigor en la observación

En cuanto a sus adversarios, los principales autores aludidos en el texto corresponden a tres posturas: el positivismo, el racionalismo y el neokantismo francés. Por los lugares que ocupaban (u ocuparían) en la enseñanza filosófica parisina (el Liceo Henri-IV y la Sorbona), y por la influencia que ejercían (o iban a ejercer) en los jóvenes filósofos de las décadas siguientes, sobresalen los nombres de Émile Durkheim, Émile Chartier (Alain), Léon Brunschvicg y Gaston Bachelard. En sintonía con su pensamiento, muchos de sus (reconocidos) discípulos, rechazarían la intuición bergsoniana como irracional y anti-intelectualista[127].

La publicación del opúsculo "La filosofía francesa", en 1915, coincidió con la interrupción del movimiento de expansión de la filosofía de Bergson. Sin duda, continuó publicando obras después de la tragedia de la Primera Guerra Mundial, pero su tiempo de gloria había concluido. A este momento filosófico le sucedió otro, de un largo e injusto olvido. No obstante, esta etapa de ocaso fue necesaria y, hasta cierto punto, positiva. La difusión que logró su filosofía, sobre todo a partir de la publicación de *La evolución creadora* (1907), fue al precio de una vulgarización de su pensamiento que terminó desfigurándolo por completo, incluso por parte de sus seguidores. Como decía Charles Péguy, "la filosofía de Bergson es casi tan mal comprendida por sus adversarios como por sus partidarios"[128]. Hace algunas décadas se ha comenzado a estudiarla con rigurosidad, como se analiza toda obra clásica. Solo así, de la unión del enfoque historiográfico y de la aplicación de su método a problemáticas actuales se podrá esperar la renovación de un auténtico bergsonismo creador.

---

interior llevado a los límites de la objetividad, que caracterizan a Bergson" (*Bergson*, PUF, Paris, 2007, p. 124).

127 Sobre estos autores, y sus discípulos (Sartre, Merleau-Ponty, Weil, Canguilhem, Hyppolite, Politzer, etc.), cf. G. Bianco, *Après Bergson. Portrait de groupe avec philosophe*, PUF, Paris, 2015.

128 Ch. Péguy, *Note sur M. Bergson et la philosophie bergsonienne; Note conjointe sur M. Descartes et la philosophie cartésienne*, Gallimard, Paris, 1935, p. 11.

La filosofía francesa

HENRI BERGSON - ÉDOUARD LE ROY

EDICIONES

(I) La *Revue de Paris*, 15 de mayo de 1915, pp. 236-256.

(II) Recopilación *La science française. Exposition universelle et internationale de San Francisco*, Paris, Larousse, 1915, tomo 1, pp. 15-37, que incluye numerosas variantes de detalle; tirada en fascículo separado, misma impresión, solo la paginación ha sido modificada.

(III) Reeditada con la colaboración de É. Le Roy, en *La science française*, nueva edición enteramente revisada, Paris, Larousse, 1933, pp. 1-26.

LA FILOSOFÍA FRANCESA (1933)[1]

El papel de Francia en la evolución de la filosofía moderna es muy claro: ha sido la gran iniciadora, y[2] se mantuvo siempre innovadora sembrando ideas nuevas. En otros lugares, sin duda, han surgido igualmente filósofos de genio; pero en ninguna parte ha habido, como en Francia, una continuidad ininterrumpida de creación filosófica original. En otros lugares se ha podido ir más lejos en el desarrollo de tal o cual idea, construir más sistemáticamente con tales o cuales materiales, dar más extensión a tal o cual método; pero muy a menudo los materiales, las ideas, el método habían venido de Francia, quizá[3] sin que se conservara la memoria de su auténtico origen. No sería posible enumerar aquí todas las doctrinas ni citar todos los nombres. Haremos una elección, buscando[4] indicar las obras principales y sobre todo las tendencias más importantes, luego procuraremos discernir los rasgos característicos del pensamiento filosófico francés. Veremos así[5] por qué ha permanecido creador y a qué debe su poder de irradiación.

---

1   (I) *contiene como subtítulo*: ... Cuadro resumido destinado a la Exposición de San Francisco ...; *y en nota*: ... Este trabajo debe ser distribuido, como folleto, a los visitantes de la Exposición de San Francisco. Con otros trabajos del mismo tipo, que se refieren a las diferentes ramas de la ciencia, y redactados por diversos autores, formará parte de una obra titulada *La science française*, que aparecerá próximamente en la editorial Larousse ...; (III) se titula ... *La Filosofía* por H. Bergson y J. É. Le Roy ...

2   ... iniciadora. En otros lugares han surgido igualmente, sin duda, filósofos ... (I-II).

3   Francia. No es posible ... (I-II).

4   ... elección, luego ... (I-II).

5   ... veremos por qué ... (I-II).

Toda la filosofía moderna deriva de Descartes[6]. Sin duda[7] la obra cartesiana, tomada desde un punto de vista histórico, manifiesta una línea divisoria, de la que, por una y otra parte, se extienden dos vertientes de las cuales una continúa en plena Edad Media. Sin embargo, si es exacto que esta obra no ha comenzado de modo abrupto, no lo es menos que Descartes fue, ante todo, un genio creador, fuente de un espíritu nuevo. De él procede toda la filosofía moderna y, en particular, a partir de él únicamente, existe una filosofía que puede llamarse francesa.

No intentaremos resumir su doctrina; cada progreso de la ciencia y de la filosofía permite descubrir en ella algo nuevo, de manera que compararíamos con gusto esta obra con las de la naturaleza, cuyo análisis jamás concluirá. Pero, así como el anatomista hace en un órgano o en un tejido una serie de cortes que estudia por turno, así vamos a cortar la obra de Descartes por planos paralelos, situados unos por debajo de otros, para obtener de ella, sucesivamente, unas vistas cada vez más profundas.

Un primer corte revela en el cartesianismo la filosofía de las ideas "claras y distintas", aquélla que ha liberado definitivamente al pensamiento moderno del yugo de la autoridad, para no admitir más otra señal de verdad que la evidencia.

Un poco más bajo, ahondando en la significación de los términos "evidencia", "claridad" y "distinción", se encuentra una teoría del método. Descartes, al inventar una geometría nueva, ha analizado el acto de creación matemática. Aporta así unos procedimientos generales de investigación y[8] de inteligencia, que le habían sido sugeridos por su geometría.

Profundizando a su vez en esta extensión de la geometría, se llega a una teoría general de la naturaleza, considerada como un inmenso mecanismo regido por leyes matemáticas. De tal manera, Descartes ha proporcionado su marco a la física moderna, el plano sobre el que no ha dejado jamás de trabajar, al mismo tiempo que ha aportado el modelo de toda concepción mecanicista del universo.

---

6   1596-1650.

7   Descartes. No intentaremos ... (I-II), *retoma en la línea 10.*

8   ... investigación, que le ... (I-II).

Por debajo de esta filosofía de la naturaleza se encontraría ahora una teoría de la mente o, como dice Descartes del "pensamiento", un esfuerzo por resolver el pensamiento en elementos simples; este esfuerzo ha abierto el camino a las investigaciones de Locke y de Condillac. Se encontraría sobre todo esta idea de que el pensamiento existe primero, que la materia es dada por añadidura, y que el mundo material podría, en rigor, no existir sino como representación de la mente. La acción[9] de pensar es primera; he aquí el *cogito* cartesiano. Todo el idealismo moderno ha salido de ahí, en particular el idealismo alemán.

Por último, en el fondo de la teoría cartesiana del pensamiento hay un nuevo esfuerzo para reducir a este, al menos parcialmente, a la voluntad. Los filósofos "voluntaristas" del siglo XIX se vinculan así con Descartes. No sin razón es que se ha visto en el cartesianismo una "filosofía de la libertad".

A Descartes remontan, por lo tanto, las principales doctrinas de la filosofía moderna. Por otra parte, aunque el cartesianismo ofrece semejanzas menores con tales o cuales doctrinas de la antigüedad o de la Edad Media, no debe nada esencial a ninguna de ellas, menos[10] aun el espíritu que lo anima. El matemático y físico Biot ha dicho de la geometría de Descartes: *Proles sine matre creata*[11]. Nosotros diríamos otro tanto de su filosofía.

Si todas las tendencias de la filosofía moderna coexisten en Descartes, es el racionalismo la que predomina, como lo hará en el

---

9   ... la mente. Todo el idealismo ... (I-II).

10   ... de ellas. El matemático ... (I).

11   *Criatura nacida sin madre* (la frase *prolem sine matre creatam* se encuentra en Ovidio, *Metamorfosis*, II, 553). No encontramos la referencia de Bergson en la obra de Jean Baptiste Biot. En un texto, el científico utiliza esta expresión latina para referirse al descubrimiento del cálculo infinitesimal por parte de Newton y Leibniz (cf. *Mélanges scientifiques et littéraires*, Michel Lévy Frères, Libraires-éditeurs, Paris, 1858, vol. 1, p. 466). Y se refiere a la invención de Descartes en el *Essai de géometrie analytique*, Bachelier, Paris, 1826, pp. 74-75. Por otro lado, en el curso sobre *L'évolution du problème de la liberté* (PUF, Paris, 2017, p. 211), dictado en el Colegio de Francia entre 1904 y 1905, Bergson remite la frase latina a Michel Chasles, quien la utilizó en relación con Descartes en su *Aperçu historique sur l'origine et le développement des méthodes en géométrie* (Gauthier-Villars, Paris, 1875, p. 94). (Nota de la traducción)

pensamiento de los siglos siguientes. Pero al lado o más bien por debajo de la tendencia racionalista, cubierta y a menudo disimulada por ella, otra[12] corriente atraviesa la filosofía moderna. Es la que se podría llamar sentimental, a condición de otorgar a la palabra "sentimiento" la acepción que le daba el siglo XVII e incluir en ella todo conocimiento inmediato e intuitivo. Ahora bien, esta segunda corriente deriva, como la primera, de un filósofo francés: Pascal[13]. Es él quien ha introducido en filosofía una cierta manera de pensar que no es la pura razón, puesto que corrige por el "espíritu de sutileza" lo que el razonamiento tiene de geométrico, y que no es tampoco la contemplación mística, puesto que desemboca en resultados susceptibles de ser controlados y verificados por todo el mundo. Si restablecemos los eslabones intermedios de la cadena, encontraremos que con Pascal se vinculan las doctrinas modernas que hacen pasar a primera instancia el conocimiento inmediato, la intuición, la vida interior, la inquietud[14] espiritual. Y con Descartes (a pesar de las veleidades de intuición que se encuentran en el propio cartesianismo) se relacionan más particularmente los filósofos de la razón pura. No podemos emprender este trabajo. Limitémonos a observar que Descartes y Pascal son los grandes representantes de las dos formas o métodos de pensamiento entre los que se reparte el espíritu moderno.

Uno y otro han terminado con la metafísica de los griegos. Pero el espíritu humano no renuncia con facilidad a aquello que ha constituido su alimento durante muchos siglos. La filosofía griega había nutrido la Edad Media gracias a Aristóteles. Había impregnado el Renacimiento, sobre todo gracias a Platón. Después de Descartes, era natural que se buscara utilizarla acercándola al cartesianismo. Era preciso dejarse llevar por la tendencia misma de los filósofos a disponer su pensamiento bajo una forma sistemática, porque el "sistema" por excelencia es el que ha sido preparado por Platón y Aristóteles, constituido y consolidado definitivamente por los neoplatónicos, y sería fácil mostrar (no podemos entrar en el detalle de esta demostración) que todo intento, por edificar un sistema com-

---

12   ... por ella, hay otra corriente que atraviesa ... (I-II).

13   1623-1662.

14   ... interior, como con ... (I-II).

pleto, se inspira por algún lado en el aristotelismo, en el platonismo o en el neoplatonismo. De hecho, las dos doctrinas metafísicas que surgieron fuera de Francia en la segunda mitad del siglo XVII fueron combinaciones del cartesianismo con la filosofía griega. La filosofía de Spinoza, por original que sea, lleva a fundir juntos la metafísica de Descartes y el aristotelismo de los doctores judíos. La de Leibniz, cuya originalidad tampoco desconocemos, es todavía una combinación del cartesianismo con el aristotelismo, sobre todo con el aristotelismo de los neoplatónicos. Por razones que indicaremos más adelante, la filosofía francesa no ha tenido jamás mucho interés por las grandes construcciones metafísicas; pero, cuando le ha complacido iniciar especulaciones de esta clase, ha mostrado lo que era capaz de hacer y con qué facilidad lo hacía. Mientras que Spinoza y Leibniz construían sus sistemas, Malebranche[15] tenía el suyo. Él también había combinado el cartesianismo con la metafísica de los griegos (más particularmente con el platonismo de los Padres de la Iglesia). El monumento que ha elevado es un modelo del género. Pero hay al mismo tiempo en Malebranche toda una psicología y toda una moral que conservan su valor, incluso si no se suscribe a su metafísica. Ahí radica uno de los distintivos de la filosofía francesa: si consiente a veces en volverse sistemática, no se sacrifica al espíritu de sistema; no deforma a tal punto los elementos de la realidad que no se puedan utilizar los materiales de la construcción fuera de la construcción misma. Sus fragmentos son siempre buenos.

Descartes, Pascal, Malebranche, tales son los tres grandes representantes de la filosofía francesa en el siglo XVII. Ellos han proporcionado tres tipos de doctrinas que encontramos en los tiempos modernos.

Esencialmente creadora fue todavía la filosofía francesa en el siglo XVIII, pero[16] con caracteres diferentes. La audacia metafísica ha disminuido; el sentido propiamente espiritual se ha debilitado. Por el contrario, las ciencias positivas adquieren un poderoso desa-

---

15 1638-1715.

16 ... siglo XVIII. Pero, aquí también, debemos renunciar a entrar en el detalle. Mencionemos las teorías más importantes y citemos los principales nombres ... (I-II).

rrollo. Es imposible mencionar todas las obras, las menos imponentes, las más dispersas. Digamos únicamente una palabra sobre las teorías más nuevas y las más importantes; y citemos al menos los principales nombres.

Desde[17] el inicio del siglo aparece la tendencia crítica con Bayle[18] y Fontenelle[19]. Luego, las concepciones inglesas de la filosofía y de la ciencia (Locke, Newton) ejercen una influencia creciente, difundidas y promovidas por numerosos escritores o científicos bajo el patrocinio de Voltaire. Al mismo tiempo, las investigaciones científicas se multiplican y aceleran sus progresos. Para hacer vislumbrar su alcance filosófico basta recordar, en los caminos del análisis infinitesimal y de la mecánica, los trabajos de d'Alembert[20], cuyo *Discours préliminaire de l'Encyclopédie* [*Discurso preliminar de la Enciclopedia*] se adopta además oficialmente entre los filósofos, o bien la larga elaboración por la que tantos químicos han preparado poco a poco la obra genial de Lavoisier[21], en quien se debe reconocer un auténtico precursor del positivismo. Sin embargo, es necesario dirigirse sobre todo en dirección a los naturalistas para descubrir la gran obra de ciencia de fines del siglo XVIII.

Estamos empezando a impartir la justicia que se le debe a Lamarck[22]. Este naturalista, que fue también un filósofo, es el verdadero creador del evolucionismo biológico. Es el primero que concibió claramente, y siguió hasta el final, la idea de hacer salir unas especies de otras por medio de transformación. La gloria de Darwin no ha disminuido. Darwin se ha ceñido más a los hechos; ha descubierto sobre todo la función de la competencia y de la selección. Pero competencia y selección explican cómo ciertas variaciones se conservan; no dan cuenta –el propio Darwin lo decía– de las causas de la variación. Mucho antes que Darwin –puesto que sus investigaciones datan de fin del siglo XVIII y del comienzo del XIX– Lamarck

---

17   ... nombres. Estamos empezando a impartir la justicia que se le debe a Lamarck ... (I-II), *l. 20; el párrafo sobre Bayle se interpoló en las modificaciones de* (III).

18   1647-1707.

19   1657-1757.

20   1717-1783.

21   1743-1794.

22   1744-1829.

había afirmado con la misma claridad la transformación de las especies y había buscado, además, determinar sus causas. Más de un naturalista vuelve hoy a Lamarck, sea para combinar conjuntamente lamarckismo y darwinismo, sea incluso para reemplazar al darwinismo por un lamarckismo perfeccionado. Es decir que Francia ha proporcionado a la ciencia y a la filosofía, en el siglo XVIII, el gran principio de explicación del mundo organizado, como en el siglo precedente Descartes le había aportado el plan de explicación de la naturaleza inorgánica.

Las investigaciones y las reflexiones de Lamarck fueron preparadas en Francia, además, por muchos trabajos originales sobre la naturaleza y la vida. Limitémonos a recordar los nombres de Buffon[23] y de Bonnet[24]. Se[25] debe añadir a ellos –pero señalando la divergencia de sus caminos– los de Bordeu[26] y de Barthez[27] para la escuela vitalista de Montpellier, luego los de Bichat[28] y de Broussais[29] para la línea de los grandes médicos filósofos que marcaron los últimos años del siglo XVIII y los primeros del XIX.

De una manera general, los pensadores franceses del siglo XVIII han proporcionado los elementos de las teorías de la naturaleza que habrían de constituirse en el siglo siguiente. Acabamos de hablar del problema del origen de las especies. El de la relación de la mente con la materia, abordado en un sentido más bien naturalista, fue planteado sin embargo por los filósofos franceses del siglo XVIII con una precisión tal que exigía también, desde entonces, otras soluciones. Es necesario citar aquí los nombres de La Mettrie[30], de Cabanis[31], entre otros, y también el de Charles Bonnet.

---

23   1707-1788.

24   Charles Bonnet (1720-1793), nacido en Ginebra, pertenecía a una familia francesa.

25   ... Bonnet. De una manera general ..., *retomado en la l. 18* (I-II).

26   1722-1776.

27   1734-1806.

28   1771-1802.

29   1772-1838.

30   1709-1751.

31   1757-1808.

Podría mostrarse sin dificultad que sus investigaciones están en el origen de la psico-fisiología que se ha desarrollado durante el siglo XIX. Pero la psicología misma, entendida como una *ideología*, es decir una reconstrucción de la mente con elementos simples –la psicología tal como la ha comprendido la escuela "asociacionista" del último siglo– ha salido, en parte al menos, de los trabajos franceses del siglo XVIII, especialmente de los de Condillac[32]. Es justo reconocer que los ingleses han contribuido en una proporción aún mayor, y que la doctrina de Locke no ha carecido de influencia sobre la ideología francesa. Pero Locke, ¿no había sido él mismo influido por Descartes? Anticipando lo que hemos de decir del siglo XIX, podemos desde ahora hacer notar que la obra psicológica de Taine, su análisis de la inteligencia, deriva en parte de la ideología del siglo XVIII, más especialmente de Condillac.

No hablaremos aquí de la filosofía social. Todo el mundo sabe cómo se elaboraron en Francia, en el curso del siglo XVIII, los principios de la ciencia política en general, y más particularmente las ideas que debían provocar una transformación de la sociedad. A Montesquieu[33], a Turgot[34], a Condorcet[35], se debe la profundización de los conceptos de ley, de gobierno, de progreso, etcétera, como a los enciclopedistas en general, a d'Alembert[36], Diderot[37], La Mettrie[38], Helvecio[39], D'Holbach[40], el movimiento que conduce a "racionalizar" la humanidad y a dirigirla hacia el lado de las artes mecánicas.

Fuera[41] de esta corriente, y un poco aparte, conviene citar al moralista Vauvenargues[42], cuya importancia filosófica es a veces

---

32   1715-1780. [*Nota propia de* (III)].

33   1689-1755.

34   1727-1781.

35   1743-1794.

36   1717-1783.

37   1713-1784.

38   1709-1751.

39   1715-1771.

40   1723-1789.

41   ... mecánicas. Pero la más poderosa ... (I-II).

42   1715-1745.

desconocida. Pero la más poderosa de las influencias que se ha ejercido sobre el espíritu humano desde Descartes –de cualquier manera que se la juzgue– es indiscutiblemente la de Jean-Jacques Rousseau[43], y[44] ella también va, en gran medida, en sentido contrario al de las tendencias agrupadas en torno a la Enciclopedia. La reforma que Rousseau realizó en el dominio del pensamiento práctico fue tan radical como lo había sido la de Descartes en el dominio de la especulación pura. Él también cuestionó todo, hizo[45] tabla rasa de lo que era convención, tradición, artificio; quiso remodelar la sociedad, la moral, la educación, la vida entera del hombre sobre principios "naturales". Aquellos mismos que no se han adherido a sus ideas han debido adoptar algo de su método. Por el llamado que ha lanzado al sentimiento, a la intuición, a la conciencia profunda, ha fomentado una cierta manera de pensar que se encontraba ya en Pascal (dirigida, es cierto, en un sentido muy diferente), pero que no tenía todavía derecho de ciudadanía en filosofía. Aunque no haya construido un sistema, ha inspirado, en parte, los sistemas metafísicos del siglo XIX; el kantismo primero, luego el "romanticismo" de la filosofía alemana, le debieron mucho. El arte y la literatura le deben al menos otro tanto. Su obra aparece a cada nueva generación bajo algún nuevo aspecto. Ella actúa todavía sobre nosotros[46].

En el breve recorrido que acabamos de hacer sobre la filosofía francesa de los siglos XVII y XVIII, hemos tomado una visión de conjunto; hemos debido dejar de lado un gran número de pensadores y no considerar sino los más importantes de ellos. ¿Qué haremos con el siglo XIX? Apenas hay científico francés, o incluso escritor francés, que no haya aportado entonces[47] su contribución a la filo-

---

43   Nacido en Ginebra, de una familia de origen francés, en 1712. Murió en 1778.

44   ... Rousseau. La reforma que realizó en ... (I-II).

45   ... todo; quiso ... (I); ... todo; hizo tabla rasa de lo que era convención, artificio y tradición; quiso ... (III).

46   Voltaire (1694-1778) pertenece a la historia de las letras más bien que a la de la filosofía. Nosotros nos centramos sobre todo en el presente trabajo, en aquellos que fueron, en filosofía, los creadores de ideas y de métodos nuevos.

47   ... no haya aportado ... (I-II).

sofía. Más[48] que nunca, será necesario limitarse a un esbozo de las principales tendencias.

Si los tres siglos precedentes habían visto nacer y constituirse[49] en el estado positivo las ciencias del número, del movimiento, de las fuerzas de la materia inorgánica –análisis infinitesimal, geometría analítica, mecánica racional, astronomía, física, química–, el siglo XIX ha hecho tomar a las disciplinas del cálculo un desarrollo prodigioso y, por etapas, ha sabido aplicar todos los recursos a la creación de una física matemática. Por otra parte, ahondó en las ciencias de la vida: vida orgánica e incluso, hasta un cierto punto, vida social. Por último, fundó la historia como verdadera ciencia y le descubrió un valor universal de método. Nosotros prolongaremos aquí la exposición de este complejo proceso hasta el período contemporáneo. Pero es necesario distinguir dos etapas. En la primera, que cubre más o menos los tres primeros cuartos del siglo pasado, citaremos sobre todo a algunos grandes iniciadores. La segunda comprende los últimos años del siglo XIX y el inicio del XX. Desde nuestro punto de vista, tres hechos la caracterizan, en Francia especialmente: la restauración de la metafísica, la explosión de novedades revolucionarias en el conocimiento de las radiaciones y de los átomos, y la fusión gradual de la ciencia y de la filosofía. Pero ahora, puesto que falta el alejamiento necesario, se vuelve muy difícil hacer una elección entre tantos nombres que se presentan. Entonces, nos preocuparemos menos en seguir un orden cronológico riguroso que en analizar el conjunto de las direcciones de investigación; y no se debería olvidar que un pensador pertenece con frecuencia a diversos grupos, de modo que difícilmente se podría hacer una clasificación exacta.

Desde 1780 aproximadamente y durante el primer tercio del siglo XIX, fluyen los nombres de científicos que deberían ser citados: Lagrange con su *Mécanique analytique* [*Mecánica analítica*] y

---

48   ... filosofía. Si los tres ... (I-II).

49   ... y desarrollarse las ciencias abstractas y concretas de la materia inorgánica, –matemáticas, mecánica, astronomía, física y química– el siglo XIX debía profundizar asimismo las ciencias de la vida: vida orgánica e incluso, hasta un cierto punto, vida social. Aquí también los franceses fueron los iniciadores. Se les debe la teoría del método, y una parte importante de los resultados. Hacemos alusión sobre todo a Claude Bernard (1813-1878) y a Auguste Comte (1798-1857). La *Introduction à la médecine* ... (I-II), *retomado en p. 73, l. 19*.

J. Fourier con su *Théorie de la chaleur* [*Teoría del calor*], dos de las principales fuentes en las que Auguste Comte encontró inspiración; Laplace con su *Mécanique céleste* [*Mecánica celeste*] y su *Théorie des probabilités* [*Teoría de las probabilidades*], llenas de ideas destinadas a ser tan fecundas; Ampère, involucrado en todas las controversias de su tiempo, y que ha elegido el problema de la *Classification des sciences* [*Clasificación de las ciencias*]; J.-B. Dumas y su *Philosophie chimique* [*Filosofía química*]; Sadi Carnot, cuyo famoso *Principe* [*Principio*] indica el principal período en la historia de las relaciones entre mecánica y física, y cuya obra genial tiene un alcance filosófico dejado demasiado tiempo en la sombra; Geoffroy Saint-Hilaire y Cuvier, cuya célebre discusión tuvo un tan amplio impacto. Aquí todavía, y sobre todas estas líneas, los franceses fueron iniciadores. Además de la idea madre, se les debe la teoría del método y una gran parte de los resultados. Pero fue necesario esperar un poco para ver producirse explícitamente la repercusión de sus trabajos en filosofía. Fue hacia el fin del período que esta reacción comenzó a manifestarse. Hacemos alusión sobre todo a Claude Bernard[50] y a Cournot[51].

La *Introduction à la médecine expérimentale* [*Introducción a la medicina experimental*] de Claude Bernard ha sido, para las ciencias concretas de laboratorio, lo que el *Discours de la méthode* [*Discurso del método*] de Descartes había sido para las ciencias abstractas. Es la obra de un fisiólogo de genio que se interroga sobre el método que ha seguido, y que extrae de su propia experiencia reglas generales de experimentación y de descubrimiento. La investigación científica, tal como Claude Bernard la recomienda, es un diálogo entre el hombre y la naturaleza. La iniciativa[52] nos pertenece, bajo la forma de una hipótesis teórica. Las respuestas que la naturaleza proporciona a nuestras preguntas dan a la conversación un giro imprevisto, provocando nuevas preguntas a las que la naturaleza contesta sugiriendo nuevas ideas, y así sucesivamente de modo indefinido. Ni las ideas ni los hechos[53] son, pues, por separado constitutivos de la ciencia; esta, siempre provisoria y siempre, en parte, simbólica, nace de la colabo-

---

50   1813-1878.

51   1801-1877.

52   ... la naturaleza. Las respuestas que ... (I-II).

53   ... Ni los hechos ni las ideas son, pues, constitutivos ... (I-II).

ración de la idea y del hecho. Inmanente a la obra de Claude Bernard es así la afirmación de una distancia entre la lógica del hombre y la de la naturaleza. Sobre este punto, y sobre muchos más, Claude Bernard ha anticipado a los teóricos "pragmáticos" de la ciencia.

Llevado[54] a la filosofía por el estudio de las ciencias y en particular por las matemáticas, Cournot estableció, aproximadamente en los mismos años, una crítica de un género nuevo, que, a diferencia de la crítica kantiana, se refiere a la vez a la forma y a la materia de nuestro conocimiento, a los métodos y a los resultados. Su obra ha permanecido durante mucho tiempo en la penumbra. Sobre una gran cantidad de puntos –especialmente sobre el azar y la probabilidad– ha aportado, sin embargo, ideas nuevas, penetrantes y profundas. Es tiempo de colocar a este pensador en su verdadero lugar –uno de los primeros– entre los filósofos del siglo XIX.

Un poco antes, Francia había visto nacer una doctrina –el positivismo– cuyo espíritu, a través de las fluctuaciones de una ampliación progresiva, ha animado pronto el trabajo de casi todos los científicos puros. El *Cours de philosophie positive* [*Curso de filosofía positiva*] de Auguste Comte[55] es una de las grandes obras de la filosofía moderna. La idea, simple y genial, de establecer entre las ciencias un orden jerárquico, que va[56] de las matemáticas a la sociología, se impone a nuestra mente, desde que Comte la ha formulado, con la fuerza de

---

54 ... ciencia. El *Cours de philosophie positive* ..., *retomado en l. 18* (I-II); *este párrafo retoma el texto de la p. 86, nota 118.*

55 1798-1857.

56 ... *jerárquico, que va de las matemáticas a la sociología* ... (I-II), *con nota propia en* (I-II): ... Debiendo ser la sociología el objeto de una monografía especial, no hablamos aquí ni de Saint-Simon, ni de Fourier, ni de Pierre Leroux, ni de Proudhon. La misma razón hace que dejemos de lado a pensadores eminentes que se han orientado hacia la sociología: Espinas, Tarde, Durkheim, Lévy-Bruhl, Le Bon, Worms, Bouglé, Simiand, Izoulet, Lacombe, Richard y muchos otros. La obra de la escuela sociológica francesa es considerable; es necesario que sea estudiada por separado. Se le unirá la labor de los moralistas: Bureau, Belot, Parodi, H. Michel, Caro, Bourdeau, Rauh, Darlu, Malapert, Buisson. Por último, habría que hacer un lugar aparte –porque no cabe en ninguna categoría– a un pensador original como es G. Sorel... (I); *con variantes propias de* (II): ... Simiand, Halbwachs, Lacombe, Izoulet, Richard y ... ; ... Parodi, Jacob, Lapie, Payot, Landry, Chabot, Pradines, Bernès, Cantecor, Desjardins, Delvolvé, Queyrat, De Roberty, Ruyssen, Thomas, Duprat, Rauh, H. Michel, Caro, Bourdeau, Malapert, Buisson, Darlu, Pécaut, Péguy, etc. Habría que hacer ... (II).

una verdad definitiva. La[57] "ley de los tres estados", presentada ya por Turgot, ha suscitado más críticas, sin dejar no obstante de aparecer como una primera aproximación bastante sólida. Finalmente, si se puede discutir sobre ciertos puntos la obra sociológica del maestro, no ha tenido menos mérito de trazar a la sociología su programa y comenzar a realizarlo. Reformador a la manera de Sócrates, hubiera estado muy dispuesto, como se lo ha hecho notar, a aceptar la divisa[58] socrática "conócete a ti mismo", pero la hubiese aplicado a las sociedades y no más a los individuos siendo, a sus ojos, el conocimiento del hombre social el punto culminante de la ciencia y el objeto por excelencia de la filosofía. Añadimos que el fundador del positivismo, quien se declaró adversario de toda metafísica, tuvo[59] un alma de metafísico, y que la posteridad verá en su obra un poderoso esfuerzo por "divinizar" a la humanidad.

Renan[60] no tiene parentesco intelectual con Comte. Pero, a su manera, y en un sentido bastante diferente, ha tenido también esta religión de la humanidad que había soñado el fundador del positivismo. A las[61] ciencias, que preocupaban tradicionalmente a los filósofos, anexó, bajo la inspiración del pensamiento alemán, las ciencias filológicas, aplicándolas sobre todo al problema de los orígenes cristianos. La misma influencia le hizo admitir la metafísica, en la que además apenas veía una suerte de poesía, pero indispensable para el hombre. La seducción que ejerció sobre su tiempo se debe a numerosas causas. Fue ante todo un escritor maravilloso si, no obstante, se puede llamar escritor todavía a quien nos hace olvidar que emplea palabras, pareciendo que su pensamiento se insinúa de manera directa en el nuestro. Pero muy seductora también, muy adaptada al siglo que había revitalizado las ciencias históricas, era la concepción doblemente optimista de la historia que penetraba la obra de este maestro; porque, por una parte, pensaba que la historia registra un progreso ininterrumpido de la humanidad, y por otra, veía en ella un sucedáneo de la filosofía y de la religión.

---

57   ... definitiva. Si se puede discutir ... (I-II).

58   ... la máxima socrática ... (I).

59   ... metafísica, es un alma ... (I).

60   1823-1892.

61   ... positivismo. La seducción ... (I-II).

Esta misma fe en la ciencia –en las ciencias que estudian al hombre– se vuelve a encontrar en Taine[62], un pensador que tuvo en Francia tanta influencia como Renan, y que tuvo quizá más todavía que él en el extranjero. Taine quiere aplicar al estudio de la actividad humana bajo sus diversas formas, en la literatura, en el arte, en la historia, los métodos del naturalista y del físico. Por otra parte, está imbuido del pensamiento de los antiguos maestros. Con Spinoza, cree en la necesidad universal. Sobre la potencia en cierto sentido mágica de la abstracción, sobre las "cualidades principales" y las "facultades maestras", tiene ideas que lo acercan a Aristóteles y a Platón. Vuelve así, implícitamente, a la metafísica, pero limita su horizonte al hombre y a las cosas humanas. Al igual que Renan, no se asemeja ni se vincula con Comte. Y sin embargo no es completamente sin razón que se lo clasifica a veces, como al propio Renan, entre los positivistas. Hay muchas maneras, en efecto, de definir el positivismo, pero nosotros creemos que es necesario ver en él, ante todo, una concepción antropocéntrica del universo.

Señalemos[63] ahora que tal tendencia no careció de rival en el curso del siglo XIX. Mientras que una parte de la filosofía francesa, demasiado desafiante, se orientaba así en la dirección de la fisiología, de la psicología, de la sociología, el resto tomaba por objeto de especulación, como en los siglos precedentes, la naturaleza en general, el espíritu en general.

Desde el inicio del siglo, Francia tuvo un gran metafísico, el más grande que ha producido desde Descartes y Malebranche: Maine de Biran[64]. Emerge[65] de un grupo –Destutt de Tracy[66], Laromiguière[67], y otros– que contrasta con él, pero al que no le faltó mérito. Poco notada en el momento en que apareció, la doctrina de Maine de

---

62 1828-1893.

63 ... del universo. Entre la filosofía biológica ... (I-II), *un párrafo pospuesto por* (III), *p. 80, l. 3.*

64 1766-1824. ... A de Biran se debería acercar Ampère (1775-1826). El lugar nos falta aquí para hablar de la escuela teológica. Recordemos los nombres de de Bonald (1754-1840), de de Maistre (1753-1821) y de Lamennais (1782-1854)... (I-II).

65 ... Biran. Poco notada... (I-II).

66 1754-1836.

67 1756-1837.

Biran ha ejercido una influencia creciente. Puede preguntarse si el camino que este filósofo ha abierto no es aquél en el que la metafísica deberá avanzar de manera definitiva. En oposición a Kant (porque es erróneamente que se lo ha llamado el "Kant francés"), Maine de Biran ha juzgado que la mente humana era capaz, al menos sobre un punto, de alcanzar lo absoluto y de hacer de él el objeto de sus especulaciones. Ha mostrado que el conocimiento del[68] esfuerzo es privilegiado, que sobrepasa el puro "fenómeno" y que alcanza la realidad "en sí" (esta realidad que Kant declaraba inaccesible a nuestras especulaciones). En síntesis, ha concebido la idea de una metafísica que se elevaría cada vez más, hacia el espíritu en general, a medida que la conciencia descendiese más abajo, a las profundidades de la vida interior. Idea genial, de la que ha sacado las consecuencias sin entretenerse en juegos dialécticos, sin construir un sistema.

Victor[69] Cousin[70] no ha continuado realmente a Maine de Biran, aunque apelaba a él. Poco después de un comienzo brillante prefirió ser solo la cabeza de una escuela oficial. Esta se preocupaba más por impartir una enseñanza conservadora que por fomentar la investigación libre. Actitud que suscitó, por una parte, la irónica protesta de Taine y, por otra, hizo que la especulación original, en esa época, tuviera su principal representante fuera de la Universidad.

Habiendo partido[71] del criticismo kantiano, al que había además modificado profundamente desde el principio, Renouvier[72] se desprendió poco a poco de él para llegar a conclusiones que no están muy alejadas, en cuanto a la letra, de las del dogmatismo metafísico. Afirma, en particular, la independencia de la persona humana y reintegra la libertad al mundo. Pero renueva la significación de estas tesis acercándolas a los datos de la ciencia positiva, y sobre todo haciéndolas preceder de una crítica del entendimiento humano. Por

---

68   ... conocimiento que tenemos de nosotros mismos, en particular en el sentimiento del esfuerzo, es un conocimiento ... (I-II).

69   ... sistema. Que Maine de Biran tiene, además, un cierto parentesco con Pascal es lo que entrevemos cuando leemos a Ravaisson. Apegado ... (I-II), *retomado en p. 78, l. 7.*

70   1792-1867.

71   *Este párrafo retoma el texto de la p. 86, nota 118.*

72   1818-1903.

su moral, como por su teoría de la naturaleza y del hombre, ha repercutido fuertemente sobre el pensamiento filosófico de su tiempo.

Sin embargo, es por otra parte que es necesario buscar una verdadera continuación del pensamiento biraniano. Dos pensadores que, en el umbral de la segunda etapa que distinguimos, abrieron sus caminos.

Se puede entrever que Maine de Biran tiene un cierto parentesco con Pascal, cuando se lee a Ravaisson[73]. Apegado tanto a Pascal como a Maine de Biran, Ravaisson, que era un enamorado del arte y de la filosofía griegos, nos hace comprender de manera admirable cómo la originalidad de cada filósofo francés no es un impedimento para encuadrarse en una cierta tradición, y cómo esta misma tradición se une a la clásica. A pesar de que Descartes rompe con la filosofía de los antiguos, su obra conserva las cualidades de orden y de medida que fueron características del pensamiento griego. Ravaisson ha puesto en evidencia este lado artístico y clásico del pensamiento filosófico francés. Él mismo trazó los lineamientos de una filosofía que mide la realidad de las cosas según su grado de belleza.

No se puede pronunciar el nombre de Ravaisson sin asociarlo al de Lachelier[74], un pensador cuya influencia fue también considerable, si[75] bien orientada de manera diferente. Lachelier despertó a la filosofía universitaria en un momento en el que se quedó dormida en la doctrina, fácil y amable, de Victor Cousin. Su[76] tesis sobre *Le fondement de l'induction* [*El fundamento de la inducción*] permanecerá clásica, como todo lo que lleva la señal de la perfección. Su doctrina, que apela al kantismo, sobrepasa en realidad el idealismo de Kant e inaugura incluso un realismo de un género particular, que podría ser relacionado con el de Maine de Biran. Profesor incomparable, ha nutrido con su pensamiento a varias generaciones de profesores.

---

73 1813-1900.

74 1832-1918.

75 ... considerable. Lachelier ... (I-II).

76 ... Victor Cousin ... *en nota en* (I-II): ... No insistimos sobre la filosofía de Cousin, porque fue sobre todo un eclecticismo. No por eso hubo menos, en la Escuela de Cousin, filósofos muy distinguidos tales como Saisset, Simon, Janet. Es preciso hacer un lugar aparte a Jouffroy (1796-1842) y a Vacherot (1809-1897). Como precursor de Cousin, citemos a Royer-Collard (1793-1843) ... (I); *con variantes de* (II): ... Simon, Franck, Janet ... Royer-Collard .... (II).

Esto[77] es lo que el lugar mínimo del que disponemos permite señalar sobre los iniciadores que orientaron la filosofía francesa del siglo XIX. Hemos omitido, en esta enumeración rápida, una multitud de nombres secundarios, cada uno de los cuales merecería sin embargo un recuerdo. ¡Cuántas lagunas semejantes van a ser más inevitables todavía en el cuadro que nos queda ahora por trazar del período contemporáneo! Solo es posible, entonces, indicar los rasgos de conjunto de algunos grupos y de algunas actitudes.

La corriente positivista, procedente de Comte, ha continuado su curso, siempre ampliándose más, pero dirigida sobre todo a la constitución de una ciencia de los hechos sociales. A esta ciencia se la ha buscado primero en la prolongación de otras: la biología (Espinas) o la psicología (Tarde). Pero se ha reconocido pronto que exigía una autonomía entera, en la que sus caracteres propios, específicamente distintos, fuesen puestos en plena evidencia. Orientada así, la obra de la escuela sociológica francesa ha sido considerable. Debe ser estudiada por separado[78]. Solo recordaremos aquí los nombres de dos pensadores, tanto filósofos como sociólogos: Durkheim[79], el verdadero fundador de la escuela, cuya idea de las "representaciones evolutivas" ha conducido a caminos auténticamente metafísicos, y Lévy-Bruhl, cuyos estudios sobre las funciones mentales en las sociedades inferiores tienen un alcance general para el conocimiento de la mente humana.

Con las investigaciones de los sociólogos se relacionarían sin dificultad las de los moralistas. Ya los nombres de Durkheim y de Lévy-Bruhl nos invitan a eso, porque se les deben profundos estudios sobre el hecho moral y sobre la ciencia de las costumbres. Sin embargo, no todos los moralistas franceses, entre los que son también filósofos, dependen de una misma inspiración. En unos (G. Belot, P. Bureau, etcétera), domina la preocupación por el fenómeno social y por la exigencia que procede de él. En otros (Parodi, Le Senne, etcétera), es por el contrario bajo el ángulo de la reflexión filosófica y de un cierto racionalismo que es abordado el problema. Fuera de los dos

---

77 ... profesores. A la filosofía de Ravaisson ... *retomado en p. 82, l. 29.*

78 Por eso no hemos hablado antes ni de Saint-Simon, ni de Ch. Fourier, ni de Pierre Leroux, ni de Proudhon.

79 1858-1917.

grupos, conviene ubicar a F. Rauh[80] y sus análisis de la experiencia moral, concebida según la analogía de la experiencia científica.

Entre[81] la filosofía biológica y la filosofía social, cuya creación es debida en una gran medida al genio francés, viene a situarse un orden de investigaciones que pertenece sobre todo a los siglos XIX y[82] XX: la psicología. Esto no quiere decir que no hubiese habido ya, principalmente en Francia, en Inglaterra y en Escocia, psicólogos perspicaces, pero la observación interior, dejada a sí misma y reducida al estudio de los fenómenos normales, hubiese accedido con dificultad a ciertas regiones del espíritu, en especial al "subconsciente". Al método habitual de observación interior, el siglo XIX le agregó otros dos: por un lado, el conjunto de procedimientos de medida de los que se hace uso en los laboratorios, y, por otra parte, el método que se podría llamar *clínico*, que consiste en recoger observaciones de enfermos e incluso en provocar fenómenos mórbidos (intoxicación, hipnotismo, etcétera). De estos dos métodos, el primero ha sido practicado al principio sobre todo en Alemania. Aunque esté[83] lejos de ser desdeñable, no ha dado todo lo que se esperaba de él[84]. El segundo, por el contrario, ya ha proporcionado resultados importantes, y deja entrever otros, más considerables todavía. Ahora bien, esta última psicología, cultivada hoy en día en numerosos países, es una ciencia de origen francés, que ha permanecido profundamente francesa. Preparada por los psiquiatras franceses de la primera mitad del siglo XIX, se ha constituido de modo definitivo con Moreau de Tours y no ha dejado, desde entonces, de estar representada en Francia por maestros, sea que hayan venido de la patología a la psicología, sea que los psicólogos hayan sido atraídos hacia la patología mental.

---

80   1861-1909.

81   *Este párrafo estaba insertado, en* (I-II), *p. 76, l. 18.*

82   ... al siglo XIX: queremos hablar de la psicología ... (I); ... al siglo XIX: la psicología ... (II).

83   ... aunque no sea desdeñable, está lejos de haber dado lo que se esperaba de él ... (I-II).

84   Ha tenido, en Francia, representantes notables; citemos en particular a Alfred Binet. Tiene también, en primera línea, a Piéron.

Nos bastará citar los nombres de Charcot[85] y de Ribot[86], luego[87] de Pierre Janet y de Georges Dumas. Deberíamos alinear junto a ellos a varios otros, si la psicología no se hubiese convertido en muchos aspectos en una ciencia distinta, que exige un estudio separado. Señalemos, sin embargo, dos obras importantes, la de Ch. Blondel y la de R. Mourgue, que conservan el contacto entre la psicología y la filosofía, aquí por intermedio de la sociología, allí por un llamado a la biología.

Sigamos ahora otra línea. La propia filosofía moral conduce a la filosofía religiosa. ¿Cuál fue la curva de esta en Francia? Luego de las negaciones radicales de Dupuis[88] y de Volney[89] al inicio del siglo XIX, se produjo una reacción que formuló como doctrina la escuela tradicionalista: J. de Maistre[90], L. de Bonald[91], Lammenais[92]. Una reacción también, pero menos viva y orientada de otro modo –hacia una especie de primacía del sentimiento– fue la obra de Benjamin Constant[93], aunque poco sistemática. A continuación, se abre un período bastante confuso e indeciso, en el que no se encuentran sino comienzos de doctrinas más bien que concepciones claramente definidas: Ballanche[94], Buchez[95], Bautain[96], Maret[97], Gratry[98]. Llegamos así hasta los tiempos actuales, que manifiestan un verdadero renacimiento del pensamiento religioso en diversas direcciones. Ollé-

---

85 1825-1893. [*Nota propia de* (III)].

86 1839-1916. [*Nota propia de* (III)].

87 ... de Charcot, de Ribot, de Pierre Janet ... (I-II).

88 1742-1809.

89 1757-1820.

90 1753-1821.

91 1754-1840.

92 1782-1854.

93 1767-1830.

94 1776-1847.

95 1796-1866.

96 1796-1867.

97 1804-1884.

98 1805-1872.

Laprune[99], discípulo de Gratry, tuvo él mismo un discípulo que los superó a los dos como filósofo: Maurice Blondel, promotor de una "filosofía de la acción", en la que se ve, inmanente al sujeto humano y mezclada en su vida interior, la exigencia de lo trascendente. De esta filosofía, el P. Laberthonnière[100] se hizo a su vez el defensor, pero con independencia y originalidad, quizá con más audacia también. Este doble movimiento fue el más notable en el orden del pensamiento religioso considerado desde el punto de vista filosófico. Sin embargo, no fue el único. Observemos todavía, de Auguste Sabatier, el esbozo de una filosofía de la religión fundada sobre la psicología y la historia, de Alfred Loisy, una serie de estudios sobre las realidades morales que sus trabajos de exégesis crítica han señalado una y otra vez, de Maritain, un ensayo de recuperación del tomismo, etcétera. A lo que es necesario añadir por último que los psicólogos acaban de descubrir a los místicos, la significación de sus experiencias y el valor de su pensamiento. Delacroix, Segond, Baruzi –¡y cuántos otros!– se han esforzado por comprenderlos y hacerlos comprender. A su vez, Brémond revive y comenta los bellos textos, tan plenos de sentido psicológico y metafísico, innumerables y sin embargo casi ignorados hasta el presente, en los que se ha expresado con tanta profundidad a veces la potencia espiritual del siglo XVIII francés. Y Seillière denuncia de manera incansable los riesgos y perjuicios de un "misticismo naturalista", falsificación del misticismo verdadero, pero que no está sin embargo desprovisto de existencia histórica.

Una tercera corriente de pensamiento cuyo origen es más antiguo, pero cuya importancia ha aumentado de manera continua a partir del año 1890 aproximadamente, es la que se refiere a la filosofía de las ciencias. Su fuente ha brotado sobre el terreno de la metafísica. A la filosofía de Ravaisson y en particular a sus observaciones sobre el hábito, a la filosofía de Auguste Comte también (en tanto que afirma la irreductibilidad de unas ciencias a otras), se puede[101] en efecto acercar la teoría nueva y profunda que Émile[102] Boutroux[103]

---

99   1839-1898.

100   1860-1932.

101   ... se podría acercar ... (I-II).

102   ... que Boutroux expone ... (I-II).

103   1845-1921. [*Nota propia de* (III)].

expone[104] en su tesis sobre *La contingence des lois de la nature* [*La contingencia de las leyes de la naturaleza*] y[105] en su célebre curso sobre *L'idée de loi naturelle* [*La idea de ley natural*]. Por un camino muy diferente, más[106] directo, por el análisis de las condiciones a las que está sometida la construcción de los conceptos científicos, el gran matemático Henri Poincaré[107] ha llegado a conclusiones del mismo tipo: muestra lo que hay de relativo al hombre, de relativo a las exigencias y a las preferencias de nuestra ciencia, en la red de leyes que nuestro pensamiento extiende sobre el universo. Análoga es la doctrina de Milhaud[108], un[109] profesor de matemáticas llegado

---

104 Boutroux ha dado al mismo tiempo un vigoroso impulso a los estudios sobre la historia de la filosofía. [*Nota propia de* (III)].

105 ... *nature*. Por un camino ... (I-II).

106 ... diferente, por el análisis ... (I-II).

107 1854-1912.

108 1858-1918. [*Nota propia de* (I-II): ... Dejamos de lado, en el presente estudio, los trabajos relativos al análisis y a la crítica de los métodos científicos. La participación de Francia, aquí de nuevo, es considerable. Citemos entre muchos otros autores: el gran químico Berthelot, Jules y Paul Tannery, Lechalas, Couturat, Duhem, Rey, Perrin, Borel, Pierre Boutroux, L. Poincaré, Goblot. La obra de Lalande, como también la de Meyerson y de Brunschvicg, corresponden al mismo tiempo a la teoría de las ciencias y a la filosofía general. Diríamos lo mismo del bello libro de Hannequin sobre la teoría de los átomos. En los trabajos de Le Dantec se encuentra una interpretación y una extensión mecanicistas de la ciencia positiva. Tampoco podemos hablar de la estética (Sully-Prudhomme, Séailles, Souriau, Dauriac, Bazaillas, Paulhan, Lalo, etc.), ni de la historia de la filosofía (Ravaisson, Cousin, Bouillier, Janet, Vacherot, Fouillée, Ém. Boutroux, Delbos, Lévy-Bruhl, Brochard, Espinas, Adam, Thamin, Hálevy, Picavet, Faguet, X. Léon, G. Lyon, Delacroix, R. Berthelot, Hamelin, Basch, Berr, Rodier, Robin, Rivaud, Bréhier, etc.) ... (I); *con variantes propias de* (II): ... Rey, Picard, Perrin ... Poincaré, Bloch, Winter, Goblot ...; ... Sully-Prudhomme, Levêque, Séailles, Souriau, Dauriac, Bazaillas, Gaultier, Combarieu, Paulhan, Lalo, etc.) ...; ... Bouiller, Vacherot, Janet, Fouillée ... Brochard, Croiset, Espinas, Thamin, Adam, Hálevy ..., G. Lyon, Faguet, Cochin, Delacroix, R. Berthelot, Andler, Baruzi, Hamelin, Basch ... (II).

109 ... Milhaud. Y se podría colocar del mismo lado a Édouard Le Roy, si la obra de este filósofo no estuviese animada, a pesar de ciertas semejanzas externas, con un espíritu diferente; su crítica de la ciencia está vinculada a ideas personales, profundas, sobre la realidad en general, sobre la moral y la religión. La idea dominante de Liard ... (I-II), *retomado en p. 86, l. 3; con nota correspondiente propia de* (I-II): ... La filosofía religiosa ha dado lugar, en Francia, a trabajos importantes. Recordemos tan solo, para atenernos a los más recientes, los nombres de Ollé-

a la filosofía. Y el físico Duhem[110] los había precedido a los dos en esta vía crítica.

Desde aquí ha surgido un amplio movimiento de investigaciones, que se ha dividido entre varias direcciones. Menos rica en obras, pero notable, se puede discernir primero una tendencia puramente positiva. Los nombres de Le Dantec[111], de Abel Rey, de Cresson aparecen enseguida bajo la pluma para representarla. En cuanto a la tendencia propiamente crítica, llama a los de Couturat, de Bouasse, de Hannequin, de Goblot, de Wilbois, de R. Berthelot, sin hablar en este momento de uno de los dos autores de la presente exposición[112]. Si se quiere observar hasta qué punto, en esta perspectiva, la reflexión de los filósofos ha entrado en íntimo contacto con los trabajos técnicos de los científicos, bastará referirse a algunas tesis recientes, por ejemplo, las de Bachelard sobre el conocimiento aproximado, de Nicod sobre la geometría del mundo sensible, de Poirier sobre las nociones de espacio y de tiempo. Además, los propios científicos han tomado parte a menudo, de una manera directa, en este trabajo de reflexión crítica; citemos únicamente los nombres de J. Tannery, E. Picard, P. Painlevé, B. Brunhes, P. Boutroux, J. Perrin, G. Urbain, E. Borel, P. Langevin, L. de Broglie, entre otros. Estos han transmitido sugerencias muy nuevas y de gran alcance sobre dos puntos especialmente: las paradojas que suscitan la noción de infinito y su empleo en el razonamiento matemático, la necesidad en la que se encuentra el físico de reconfigurar sus principios directivos y sus ideas fundamentales, cuando se sitúa en un nivel de experiencia que supera la escala corriente, al nivel de lo inmenso o al de lo ínfimo, entre los fenómenos de amplitud cósmica o entre los microfenómenos.

Pero volvamos a los filósofos propiamente tales. Muchos de ellos, que no han tomado sino un punto de partida en la filosofía de las ciencias, han atravesado su frontera y han avanzado cada vez más

---

Laprune, de Blondel, de Laberthonnière, de Fonsegrive, de Wilbois, de H. Bois, de Segond, de Auguste Sabatier, de Paul Sabatier, etc. (I-II).

110   1861-1916. Milhaud y Duhem han cultivado también la historia de las ciencias. Al respecto, es necesario añadir a sus nombres el de Paul Tannery (1848-1910).

111   1869-1917.

112   Es necesario destacar aquí muy particularmente el nombre de Hannequin, cuya obra supera el horizonte de la crítica de las ciencias, y atañe a la filosofía general.

hacia una metafísica racionalista. Lalande –quien, junto a Couturat y Goblot, es también un lógico– profundiza la idea de asimilación como directriz del pensamiento explicativo y, frente a la idea de evolución, reivindica un rol al menos igual para la de disolución. Meyerson muestra en ejercicio permanente en el pensamiento del científico, un ideal de identidad, representativo para él de la razón misma, y analiza al mismo tiempo la respuesta de la realidad experimental que impone "irracionales" a la mente. Por último, Brunschvicg, haciendo de la historia un método, estudia en forma sucesiva *Les étapes de la philosophie mathématique* [*Las etapas de la filosofía matemática*], *L'expérience humaine et la causalité physique* [*La experiencia humana y la causalidad física*], *Le progrès de la conscience dans la philosophie occidentale* [*El progreso de la conciencia en la filosofía occidental*]. En todas partes, ve a la razón desprendiéndose del discurso y fundando un "intelectualismo" verdadero, a medida que sustituye al concepto el acto operatorio de la puesta en relación, el juicio. Se une así a la filosofía general.

Ésta, además, no ha dejado de ser cultivada por sí misma y según lo que permiten los recursos de la dialéctica. Y esto en dos vías principales que es preciso distinguir. La primera se orienta hacia un idealismo que incluye, por otra parte, numerosos matices: Evellin, Dunan, L. Weber, Hamelin[113]. La segunda requiere una explicación menos breve, porque su historia es más accidentada.

En 1867, al final de su célebre *Rapport sur la philosophie en France au XIXe siècle* [*Informe sobre la filosofía en Francia en el siglo XIX*], Ravaisson escribió esta frase profética: "En muchos indicios, está por tanto permitido prever como poco alejada una época filosófica cuyo carácter general será el predominio de lo que se podría llamar un realismo o positivismo espiritualista, que tiene por principio generador la conciencia que el espíritu toma en sí mismo, de una existencia de la que reconoce que toda otra existencia deriva y depende, y que no es otra que su acción"[114]. El acontecimiento ha respondido

---

113 El pensamiento de Hamelin, que procede por síntesis dialéctica, no se presta al resumen que su importancia exigiría.

114 *La philosophie en France au XIXe siècle*, suivie de *Rapport sur le prix Victor Cousin (Le scepticisme dans l'antiquité)*, Hachette, Paris, quatrième édition, 1895, p. 275. (Nota de la traducción)

de manera admirable a la profecía, pero luego de algunos rodeos preliminares cuyo curso es necesario esbozar.

La idea dominante de Liard[115] ha sido mantener una frente a la otra a la metafísica y a la ciencia, como dos formas igualmente legítimas de pensamiento. La misma preocupación existe en Fouillée[116]. Psicólogo y sociólogo, tanto como dialéctico, Fouillée ha desarrollado una teoría de las "ideas-fuerzas" que es un racionalismo ampliado. Apenas hay cuestión, teórica o práctica, que este pensador brillante no haya abordado, y sobre la que no haya presentado opiniones interesantes y sugestivas. Tuvo en Guyau[117] a un discípulo genial. Menos célebre que Nietzsche, Guyau sostuvo antes que el filósofo alemán, en términos más medidos y bajo una forma más aceptable, que el ideal moral debe ser buscado en la más alta expansión posible de la vida[118]. Por otra parte, tuvo la iniciativa de atraer la atención sobre

---

115   1846-1917. [*Nota propia de* (III)].

116   1838-1912.

117   1854-1888.

118   ... vida. Hemos dejado de lado, en esta rápida enumeración, a dos pensadores de primer orden que no podíamos relacionar con la tradición procedente de Maine de Biran. Queremos hablar de Renouvier y de Cournot.
Habiendo partido del criticismo kantiano, al que había además modificado profundamente desde el principio, Renouvier se ha desprendido poco a poco de él para llegar a conclusiones que no están muy alejadas, en cuanto a la letra, de las del dogmatismo metafísico; afirma, en particular, la independencia de la persona humana; reintegra la libertad en el mundo. Pero renueva la significación de estas tesis acercándolas a los datos de la ciencia positiva, y sobre todo haciéndolas preceder de una crítica del entendimiento humano. Por su moral, como por su teoría de la naturaleza y del hombre, ha repercutido considerablemente sobre el pensamiento de su tiempo. [*Para este párrafo, cf. p. 77*].
Llevado a la filosofía por el estudio de las ciencias, y en particular por las matemáticas, Cournot estableció una crítica de un género nuevo, que, a diferencia de la crítica kantiana, se refiere a la vez a la forma y a la materia de nuestro conocimiento, a los métodos y a los resultados. Sobre una gran cantidad de puntos –especialmente sobre el azar y la probabilidad– ha aportado ideas nuevas, penetrantes y profundas. Es tiempo de colocar a este pensador en su verdadero lugar –uno de los primeros– entre los filósofos del siglo XIX. [*Para este párrafo, cf. p. 74*].
Para concluir, se podría decir ahora una palabra de la empresa intentada por el autor de *L'évolution créatrice* [*La evolución creadora*], para llevar a la metafísica sobre el terreno de la experiencia y para constituir, recurriendo a la ciencia y a la conciencia, desarrollando la facultad de intuición, una filosofía capaz de proporcionar, no más únicamente teorías generales, sino también explicaciones

la importancia que presenta la idea de tiempo, y sobre los difíciles problemas que suscita. Por último, Lagneau[119] –discípulo de Lachelier, pero que debe también mucho a Spinoza– realiza un "análisis reflexivo" en el que el espíritu se encuentra en sus obras como actividad generadora y que lo conduce hasta una afirmación de Dios (un Dios puramente interior e inmanente). Ve en la certeza "un área profunda en la que el pensamiento no se mantiene más que por la acción"[120], y en la filosofía, una disciplina que dirige la reflexión a reconocer "su propia insuficiencia y la necesidad de una acción absoluta que parta desde el interior"[121].

Para concluir, se podría decir ahora una palabra al respecto de la empresa intentada por Bergson para llevar a la metafísica sobre el terreno de la experiencia y para constituir, recurriendo a la ciencia y a la conciencia, desarrollando la facultad de la intuición, una filosofía capaz de proporcionar, no solo teorías generales, sino también explicaciones concretas de hechos particulares. La filosofía, así entendida, es susceptible de la misma precisión que la ciencia positiva. Como la ciencia, podrá progresar siempre añadiendo unos

---

concretas de hechos particulares. La filosofía, entendida así, es susceptible de la misma precisión que la ciencia positiva. Como la ciencia, podrá progresar siempre añadiendo unos resultados a otros una vez conseguidos. Pero apuntará además –y es por aquí que se distingue de la ciencia– a ampliar cada vez más los cuadros del entendimiento, aunque rompa tal o cual de ellos, y a dilatar indefinidamente el pensamiento humano.

Hemos pasado ... (I) *recuperado en p. 89, l. 9* (I-II); *con variantes propias de* (II): ... ha repercutido sobre el pensamiento filosófico de su tiempo ... la empresa intentada por Bergson para llevar a la metafísica ... (II); *cuatro notas son propias de este texto de* (I-II): *sobre Cournot*: ... ¡Cuántos otros metafísicos y psicólogos merecerían ser citados aquí! Citemos en particular a Évellin, Dunan, Paulhan, Weber ... (I-II), *pero leer en* (II): ... metafísicos o psicólogos ... Paulhan, de Gaultier, Penjon, Noël, Boirac, Dugas, Weber ... (II); *sobre Renouvier* ... (1818-1903); *sobre el final del párrafo de Renouvier*: ... Entre los filósofos que se relacionan con Renouvier, mencionemos a Pillon, Dauriac y Hamelin ...; *sobre Cournot* ... (1801-1877).

119 1851-1894.

120 *De l'existence de Dieu*, Félix Alcan, Paris, 1925, p. 152. La siguiente cita se encuentra en *Célèbres leçons et fragments*, Deuxième édition revue et augmentée, PUF, Paris, 1964, p. 138 (los *Fragmentos* se publicaron por primera vez en 1898). (Nota de la traducción)

121 Con el nombre de Lagneau se vincula naturalmente el de Chartier quien, bajo el pseudónimo de Alain, ha ejercido una considerable influencia.

resultados a otros ya conseguidos. Pero apuntará además –y es por aquí que se distingue de la ciencia– a ampliar cada vez más los cuadros del entendimiento, aunque rompa tal o cual de ellos, y a dilatar indefinidamente el pensamiento humano. Animado con este espíritu, Bergson se ha aplicado por turno a las grandes cuestiones de la filosofía tradicional. Sea que analice los caracteres originales de la duración interior y llegue a poner en evidencia el hecho de la libertad; sea que estudiando los problemas de la percepción y de la memoria procure palpar la realidad del espíritu y definir su relación con el cuerpo; sea que, en una perspectiva en la que es afirmada la sustancialidad intrínseca del cambio, observe la evolución de la vida y descubra la creación como un hecho; sea que identifique las dos fuentes de la moral y de la religión, y reconozca primacía a la fuente mística; sus soluciones permanecen siempre en la misma línea, pero siempre también, para cada nuevo problema, proclama la necesidad de realizar un esfuerzo de adaptación enteramente nuevo[122].

El pensamiento de Bergson ha suscitado cantidad de ecos diversos. Aquí deberían reaparecer, en un sentido o en otro, varios nombres ya citados. Limitémonos a añadirles el de Jacques Chevalier quien, desde un punto de vista cercano, ha discutido *Le problème de l'habitude* [*El problema del hábito*] y defendido la idea de una ciencia de lo individual.

Por último[123], es a una inspiración análoga que Édouard Le Roy invoca cuando procura describir una disciplina regular del pensamiento intuitivo, o bien cuando examina el hecho de la evolución y el problema de los orígenes humanos. Pero se une también al movimiento de crítica de las ciencias, en un esfuerzo por extraer su significación metafísica. Aquí y allá su tendencia ha girado hacia una filosofía de la invención, que depende del idealismo, un idealismo que no tiene sin embargo nada de abstractamente dialéctico puesto que reconoce como principio la libertad de la iniciativa espiritual. Conforme a ideas muy semejantes, pero completadas por un análisis de la exigencia moral y de las condiciones de la vida religiosa es abordado finalmente el problema de la fe en Dios. Que el mismo pensamiento se haya ejercido sobre temas tan diferentes, cubriendo

---

122 La redacción de este párrafo se debe a Le Roy.

123 La redacción de este párrafo se debe a Bergson.

casi toda la extensión del saber, no sorprende cuando se considera que no hay allí una vuelta a la concepción de una filosofía que sería la ciencia universal, sino más bien una cierta modalidad de reflexión y de visión que impide a los grandes problemas plantearse en estado puramente abstracto; cada uno de ellos, tan claramente delimitado y recortado en vista de una solución precisa, continúa uniéndose con el todo. La filosofía permanece así como un gran esfuerzo sintético, sin pretender ser una gran síntesis.

Hemos pasado revista a un cierto número de filósofos franceses, teniendo en cuenta[124] sobre todo su diversidad, su originalidad, lo que han aportado de nuevo y lo que el mundo les debe. Vamos a buscar ahora algunos rasgos comunes, característicos del pensamiento francés.

El rasgo que asombra primero, cuando se recorre uno de sus libros, es la simplicidad de la forma. Si se deja a un lado, en la segunda mitad del siglo XIX, un período de veinte o treinta años durante el cual un pequeño número de pensadores, bajo influencia extranjera, se desvían a veces de la claridad tradicional, se puede decir que la filosofía francesa se ha regulado siempre sobre el siguiente principio: no hay idea filosófica, por profunda o sutil que sea, que no pueda y no deba expresarse en la lengua de todo el mundo. Los filósofos franceses no escriben para un círculo restringido de iniciados, sino que se dirigen a la humanidad en general. Si, para medir la profundidad de un pensamiento y para comprenderlo plenamente es necesario ser filósofo y científico, sin embargo, no hay hombre culto que no esté en condiciones de leer sus principales obras y extraer algún provecho de ellas. Cuando han tenido necesidad de medios de expresión nuevos, no los han buscado, como se lo ha hecho en otros lugares, en la creación de un vocabulario especial (operación que lleva a menudo a encerrar, en términos compuestos de manera artificial, ideas incompletamente asimiladas), sino más bien en una combinación ingeniosa de palabras usuales, que da a estas palabras nuevos matices de sentido y les permite traducir ideas más sutiles o profundas. Así se explica que un Descartes, un Pascal, un Rousseau –por nombrar algunos– hayan aumentado mucho la fuerza y la fle-

---

124   ... teniendo sobre todo en cuenta ... (I-II).

xibilidad de la lengua francesa, sea que el objeto de su análisis fuera más propiamente el pensamiento (Descartes), sea que fuese también el sentimiento (Pascal, Rousseau). Es necesario, en efecto, haber llevado hasta el extremo el desglose de lo que se tiene en el espíritu, para llegar a expresarse en términos simples. La necesidad de resolver las ideas e incluso los sentimientos en elementos claros y distintos, que encuentran sus medios de expresión en la lengua común, es característica de la filosofía francesa desde sus orígenes. Quizá[125] una de las mejores señales de este hecho es que el genio francés no tiene nada de exclusivo, sino que permanece esencialmente humano.

Si ahora pasamos de la forma al fondo, he aquí lo que se notará en primer lugar.

La filosofía francesa ha estado siempre unida de manera estrecha a la ciencia positiva. En otros lugares –en Alemania, por ejemplo– tal filósofo ha podido ser científico, tal científico ha podido ser filósofo; pero el encuentro de las dos aptitudes o de los dos hábitos ha sido un hecho excepcional y, por así decirlo, accidental. Si Leibniz fue a la vez un gran filósofo y un gran matemático, vemos que el principal desarrollo de la filosofía alemana, el que abarca la primera mitad del siglo XIX, se ha efectuado fuera de la ciencia positiva. La esencia de la filosofía francesa es, por el contrario, apoyarse sobre la ciencia. En Descartes, la unión es tan íntima entre la filosofía y las matemáticas, que es difícil decir si su geometría le fue sugerida por su metafísica o si su metafísica es una extensión de su geometría. Pascal fue un profundo matemático, un físico original, antes de ser un filósofo. La filosofía francesa del siglo XVIII se reclutó principalmente entre los geómetras, los naturalistas, los[126] médicos (d'Alembert, La Mettrie, Bonnet, Cabanis, entre otros). En el siglo XIX, algunos de los más grandes filósofos franceses, Auguste Comte, Cournot, Renouvier, etcétera, llegaron a la filosofía a través de las matemáticas; uno de ellos, Henri Poincaré, fue un matemático de genio. Claude Bernard, quien nos ha dado la filosofía del método experimental, fue uno de los creadores de la ciencia fisiológica. Hasta los filósofos franceses que se han dedicado durante el último siglo a la observación interior, han experimentado la necesidad de buscar fuera de ellos, en la

---

125   ... orígenes. Si ahora pasamos ... (I-II).
126   ... naturalistas y los médicos ... (I).

fisiología, en la patología mental, y demás, algo que les asegurase que no se libraban a un simple juego de ideas, a una manipulación de conceptos abstractos. La tendencia ya es visible en el gran iniciador del método de introspección profunda, Maine de Biran. En una palabra, la unión estrecha de la filosofía y de la ciencia es un hecho tan constante en Francia que podría bastar para caracterizar y definir la filosofía francesa.

Un rasgo menos particular pero muy llamativo todavía es el gusto de los filósofos franceses por la psicología, su inclinación a la observación interior. Seguramente, este rasgo no podría bastar, como el precedente, para definir la tradición francesa, porque la aptitud para sondearse a sí mismo y para penetrar simpáticamente en el alma de otro está sin duda extendida también en Inglaterra y en Estados Unidos, por ejemplo, como lo es en Francia. Pero mientras que los grandes pensadores alemanes (incluso Leibniz y Kant) han tenido poco, en todo caso han manifestado poco, sentido psicológico, mientras que Schopenhauer (muy impregnado, además, de la filosofía francesa del siglo XVIII) es quizá el único metafísico alemán que fue psicólogo, por el contrario, no hay gran filósofo francés que no se ha mostrado, eventualmente, sutil y perspicaz observador del alma humana. Es inútil recordar los finos estudios psicológicos que se encuentran en Descartes y en Malebranche, íntimamente mezclados con sus especulaciones metafísicas. La visión de un Pascal era tan aguda cuando se ejercía en las regiones mal iluminadas del alma como cuando se refería a las cosas físicas, geométricas, filosóficas. Condillac fue tanto un psicólogo como un lógico. ¿Qué decir, entonces, de los que han abierto caminos nuevos al análisis psicológico, como Rousseau o Maine de Biran? Durante los siglos XVII y XVIII, al haberse ejercido el pensamiento francés sobre la vida interior, preparó la psicología puramente científica que debía ser la obra del siglo XIX. Nadie, por otra parte, ha contribuido más para fundar esta psicología científica que un Moreau de Tours, un Charcot o un Ribot. Señalemos que el método de estos psicólogos –el que ha granjeado a la psicología, en definitiva, sus más importantes descubrimientos– no es sino una extensión del método de observación interior. Es siempre a la conciencia que recurre; tan solo nota las indicaciones de la conciencia en el enfermo en lugar de limitarse al hombre sano.

Tales son los dos principales rasgos de la filosofía francesa. Quizá[127] se podría agregar un tercero: cierta desconfianza hacia lo inmenso o lo rígido. Y de allí un contraste bien claro. En Alemania, con más gusto que en Francia, se han propagado las grandes aventuras dialécticas. El pensamiento francés, más cercano en esto al pensamiento inglés, ha estado siempre preocupado por la medida y la precisión; ha querido permanecer siempre racional, e incluso racionalista (en el sentido sensato de la palabra), amigo de lo universal, pero bajo la forma de la idea libre y flexible que sabe mantenerse en actividad de perpetua readaptación.

Estos rasgos, componiéndose en conjunto, dan a la[128] filosofía francesa su fisonomía propia. Es una filosofía que sigue de cerca los contornos de la realidad exterior, tal como el físico se la representa, y de muy cerca también los de la realidad interior, tal como aparece al psicólogo. Por ende, rehúye tomar la mayoría de las veces la forma de un *sistema*. Rechaza también tanto el dogmatismo a ultranza como el criticismo radical; su método está tan alejado del de un Hegel como del de un Kant. Esto no quiere decir que no sea capaz de edificar, cuando le plazca, alguna gran construcción. Pero los filósofos franceses parecen haber tenido por lo general este pensamiento oculto de que sistematizar es fácil, que es demasiado sencillo ir hasta el extremo de una idea, que la dificultad es más bien detener la deducción donde es necesario, modificarla como es necesario, gracias a la profundización de las ciencias particulares y al contacto siempre mantenido con la realidad. Pascal ha dicho[129] que el "espíritu geométrico" no bastaba; el filósofo debe unirle el "espíritu de sutileza". Y Descartes, ese gran metafísico, declaraba haber consagrado pocas horas a la metafísica, entendiendo por tal, sin duda, que el trabajo de pura deducción o de pura construcción metafísica se efectúa por sí mismo, por poco que se tenga el espíritu predispuesto a ello. ¿Se nos replicará que la filosofía al hacerse menos sistemática se aleja de su objetivo, y que su rol es precisamente unificar lo real? Pero

---

127   ... francesa. Componiéndose ... *retomado en l. 13* (I-II).

128   ... a esta filosofía ... (I-II).

129   Cf. *Pensamientos* (Lafuma, serie XXII). (Nota de la traducción)

la filosofía francesa no ha renunciado jamás a esta unificación. Tan solo no confía en el procedimiento que consiste en tomar tal o cual idea y en hacer entrar en ella, de grado o por la fuerza, la totalidad de las cosas. A esta idea, se podrá siempre oponer otra, con la que se construirá, según el mismo método, un sistema diferente. Los dos sistemas serán, además, igualmente sostenibles, igualmente inverificables; de manera que la filosofía se volverá un simple juego, una competición entre dialécticos. Señalemos que una idea es un elemento de nuestra inteligencia, y que nuestra propia inteligencia es un elemento de la realidad. ¿Cómo, por tanto, una idea que no es más que una parte de una parte, abarcaría el Todo? La unificación de las cosas no podrá efectuarse sino por una operación mucho más difícil, más prolongada, más delicada; el pensamiento humano, en lugar de encoger la realidad a la dimensión de una de sus ideas, deberá dilatarse él mismo al punto de coincidir con una porción cada vez más vasta de la realidad. Pero será necesario, para eso, el trabajo acumulado de muchos siglos. Mientras tanto, el papel de cada filósofo es tomar una vista, sobre el conjunto de las cosas, que podrá ser definitiva sobre ciertos puntos, pero que será siempre provisoria sobre otros. Se tendrá ciertamente, si se quiere, una especie de sistema; pero el principio mismo del sistema será flexible, indefinidamente extensible, en lugar de ser un principio fijo, como los que han dado hasta aquí los sistemas metafísicos. Tal es, nos parece, la idea implícita de la filosofía francesa. Es una idea que no se ha vuelto por completo consciente de sí misma, o que no ha tomado el trabajo de formarse, más que en estos últimos tiempos. Pero, si no se había obtenido antes, es justamente porque era natural al espíritu francés, espíritu flexible y vivo, que no tiene nada de mecánico o artificial, espíritu eminentemente sociable también, que repele las construcciones individuales y va de manera instintiva a lo que es humano.

Por ahí, por las dos o tres tendencias que acabamos de indicar, se explica quizá lo que ha habido de constantemente genial y creador en la filosofía francesa. Como se ha ceñido siempre a hablar la lengua de todo el mundo, no ha sido el privilegio de una especie de casta filosófica; ha permanecido sometida al control de todos; no ha cortado jamás con el sentido común. Practicada por hombres que fueron psicólogos, biólogos, físicos, matemáticos, se ha mantenido continuamente en contacto tanto con la ciencia como con la vida. Este contacto permanente con la vida, con la ciencia, con el sentido común, la ha fecundado siempre al mismo tiempo que le impedía entretenerse consigo misma, recomponer de modo artificial las cosas con abstracciones. Pero si la filosofía francesa ha podido revivificarse indefinidamente así, utilizando todas las manifestaciones del espíritu francés, ¿no es porque estas manifestaciones tendían ellas mismas a tomar la forma filosófica? Muy raros son, en Francia, los científicos, los escritores, los artistas e incluso los artesanos absorbidos en la materialidad de lo que hacen, que no buscan extraer –sea con torpeza, sea con alguna ingenuidad– la filosofía de su ciencia, de su arte o de su oficio. La necesidad de filosofar es universal, tiende a llevar toda discusión, incluso de negocios, sobre el terreno de las ideas y de los principios. Traduce probablemente la aspiración más profunda del alma francesa, que va directo a lo que es general sin[130] dejar de ser concreta y, por ahí, a lo que es generoso. En este sentido, el espíritu francés es uno con el espíritu filosófico.

Henri Bergson. Édouard Le Roy[131]

---

130   ... general y, por ahí, a lo que ... (I-II).
131   ... Henri Bergson. (I-II).

Bibliografía[260]

132   Bibliografía (I-II).

Descartes (1596-1650). —* *Œuvres* (Édition Adam et P. Tannery), 12 vol. in-4°. Paris, Cerf, 1897-1913.

Pascal (1623-1662). —* *Pensées sur la religion et sur quelques autres sujets,* in-8°. Paris, 1669.

—* *Œuvres.* Édition Brunschvicg et P. Boutroux, in.8°. Paris, Hachette, 1908-1914.

Malebranche. —* *De la Recherche de la verité,* 2 vol. in-12. Paris, 1674-1675.

—*Entretiens sur la métaphysique.* Rotterdam, 2 vol. in-12, 1688.

Condillac. —* *Traité des sensations.* Londres et Paris, 2 vol. in-12, 1754.

Alembert (d'). —* *Discours préliminaire de l'Encyclópedie,* Paris, in-folio, 1751.

J.-J. Rousseau. —* *Émile ou l'Éducation.* Amsterdam et La Haye, 4 vol. in-12, 1762.

—* *Du Contrat social ou principes des droits politiques.* Amsterdam, in-12, 1762.

Lamarck. —* *Philosophie zoologique ou exposition des considérations relatives à l'histoire naturelle des animaux.* Paris, Dentu, 2 vol. in-8°, 1809.

Maine de Biran. — *Essai sur les fondements de la psychologie et sur ses rapports avec l'étude de la nature.*

— *Œuvres inédites de Maine de Biran,* 3 vol. in-8°. Paris, Dezobry, Magdeleine, 1859.

Victor Cousin. —* *Cours de philosophie professé à la Faculté des lettres, pendant l'année 1818, sur le fondement des idées absolues du vrai, du beau et du bien,* in-8°. Paris, Hachette, 1837.

Auguste Comte. —* *Cours de philosophie positive,* 6 vol. in-8°. Paris, 1830-1842.

A. Cournot. —* *Essai sur les fondements de nos connaissances et sur les caracteres de la critique philosophique,* in-8°. Paris, Hachette, 1851.

Renouvier. —* *Essais de critique générale,* 4 vol. Paris, Ladrange, 1854-1864.

Claude Bernard. —* *Introduction à l'étude de la médecine expérimentale,* in-8°. Paris, Baillière, 1865.

Ravaisson. —* *De l'Habitude,* in-8°. Paris, Impr. Fournier, 1838.

— *La philosophie en France au XIXe siècle,* in-8°. Paris, Impr. Impériale, 1868.

Taine. —*De l'Intelligence,* 2 vol in-12. Paris, Hachette, 1870.

Lachelier. —* *Du Fondement de l'induction*, in-8°. Paris, Ladrange, 1871.

Alfred Fouillée. —* *La Liberté et le déterminisme*, in-12. Paris, Ladrange, 1873.

—* *L'Évolutionnisme des idées forces*, in-8°. Paris, Alcan, 1890.

—* *La Psychologie des idées forces*, 2 vol. in-8°. Paris, Alcan, 1893.

—* *Morale des idées forces*, in-8°. Paris, Alcan, 1908.

Émile Boutroux. —* *De la Contingence des lois de la nature*, in-16. Paris, Alcan, 1898.

Brochard. —* *De l'Erreur*, in-8°. Paris, Alcan, 1897.

Liard. —* *La Science positive et la métaphysique*, in-8°. Paris, Baillière, 1879.

Ribot. —* *Les Maladies de la mémoire*, in-16. Paris, Germer-Baillière, 1881.

—* *Les Maladies de la volonté*, in-16. Paris, Germer-Baillière, 1883.

—* *Les Maladies de la personnalité*, in-12. Paris, Alcan, 1885.

—* *La Psychologie de l'attention*, in-12. Paris, Alcan, 1889.

—* *L'Hérédité psychologique*, in-8°. Paris, Germer-Baillière, 1882.

—* *L'Évolution des idées générales*, in-8°. Paris, Alcan, 1896.

—* *La Psychologie des sentiments*, in-8°. Paris, Alcan, 1889.

P. Janet. —* *L'Automatisme psychologique*, in-8°. Paris, Alcan, 1889.

Henri Bergson. —* *Essai sur les données immédiates de la conscience*, in-8°. Paris, Alcan, 1889.

—* *Matière et mémoire. Essai sur la relation du corps à l'esprit*, in-8°. Paris, Alcan, 1896.

—* *L'Évolution créatrice*, in-8°. Paris, Alcan, 1907.

Henri Poincaré. —* *La Science et l'hypothèse*, in-12. Paris, Flammarion, 1902.

—* *La Valeur de la science*, in-12. Paris. Flammarion, 1905.

¤ ¤ ¤

* *Revue philosophique de la France et de l'étranger*, publicada por Th. Ribot, desde 1876, en 8°. Paris, Alcan.

* *L'Année philosophique*, publicada bajo la dirección de Pillon, desde 1890, en 8°. Paris, Alcan.

* *Revue de Métaphysique et de Morale*, publicada por Xavier Léon, desde 1893, en 8°. Paris, Colin.

* *Revue de Philosophie*, publicada por Peillaube desde 1900, en 8°. Paris, Beauchesne.

* *Bulletin de la Societé française de Philosophie*. Aparece desde 1901, en 8°. Paris, Colin.

* *Journal de Psychologie normale et pathologique*, publicada por Janet y Dumas, desde 1904, en 8°. Paris, Alcan.

Las obras señaladas con un asterisco son las que figuran, en totalidad o en parte, en la Biblioteca de la Science française, *en la Exposición de San Francisco.*

Descartes.

> *Œuvres*, éd. Ch. Adam et P. Tannery, 12 vol. in-4°. Paris, Cerf, 1897-1913.

Pascal.

> *Œuvres*. éd. L. Brunschvicg et P. Boutroux, 14 vol. in.8°. Paris, Hachette, 1904-1914.

Malebranche.

> *Œuvres*, 11 vol. Paris, 1712.
> *De la Recherche de la verité*, éd. F. Bouillier, 2 vol. Paris, 1880.
> *Entretiens sur la métaphysique*. éd. P. Fontana, Paris, 1922.
> *Traité de l'Amour de Dieu*, éd. Roustan, Paris, 1922.

Alembert (d').

> *Discours préliminaire de l'Encyclópedie*, éd. Picavet, Paris, 1919.

Condillac.

> *Œuvres*, 16 vol. Paris, 1882.

Rousseau (J.-J).

> *Œuvres*, éd. Musset-Pathey, Paris, 1818-1820.
> *Du Contrat social*, éd. Beaulavon, Paris, 1914.

Bernard (Claude).

> *Introduction à l'étude de la médecine expérimentale*, in-8°. Paris, Baillière, 1865.

Cournot.

> *Essai sur les fondements de nos connaissances et sur les caracteres de la critique philosophique*, 2 vol. in-8°. Paris, Hachette, 1851.
> *Traité de l'enchâinement des idées fondamentales dans les sciences et dans l'histoire*, 2 vol. in-8°. Paris, Hachette, 1861.
> *Matérialisme, Vitalisme, Rationalisme*, 1 vol. in-12. Paris, Hachette, 1875.

Comte (Auguste).

> *Cours de philosophie positive*, 6 vol. in-8°. Paris, 1830-1842.

Taine.

> *De l'Intelligence*, 2 vol in-12. Paris, Hachette, 1870.

Maine de Biran.

> *Œuvres, en cours de publication*, éd. Tisserand, 14 vol. in-8°. Paris, Alcan.

Renouvier.

> *Essais de critique générale*, 4 vol. in 8°, Paris, Ladrange, 1854-1864.

Ravaisson.

> *De l'Habitude,* éd. Baruzi, 1 vol. in-16. Paris, Alcan, 1927.
>
> *La philosophie en France au XIXe siècle,* 1 vol. in-8°. Paris, Hachette, 1889, 3ª éd.

Lachelier.

> *Du Fondement de l'induction,* suivi de *Psychologie et Métaphysique,* 1 vol. in-16. Paris, Alcan, 1902.

Lévy-Bruhl.

> *La Morale et la science des mœurs.* Paris, Alcan, 1903.

Rauh.

> *L'Expérience morale.* Paris, Alcan, 1903.

Belot.

> *Études de morale positive.* Paris, Alcan, 2ª éd., 1921.

Parodi.

> *Le Problème moral et la pensée contemporaine.* Paris, Alcan, 2ª éd., 1921.

Ribot.

> *Les Maladies de la mémoire,* Paris, Alcan, 1881.
>
> *Les Maladies de la volonté,* Paris, Alcan, 1883.
>
> *Les Maladies de la personnalité,* Paris, Alcan, 1885.
>
> *La Psychologie de l'attention,* Paris, Alcan, 1889.
>
> *L'Hérédité psychologique,* Paris, Alcan, 1882.
>
> *L'Évolution des idées générales,* Paris, Alcan, 1897.
>
> *La Psychologie des sentiments,* Paris, Alcan, 1896.

Janet (Pierre).

> *L'Automatisme psychologique.* Paris, Alcan, 1889.
>
> *De l'Angoisse à l'Extase,* 2 vol. in-8°. Paris, Alcan, 1926 et 1928.

Blondel (Maurice).

> *L'Action.* Paris, 1893.

Delacroix.

> *Études d'histoire et de psychologie du mysticisme.* Paris, Alcan, 1908.

Bremond (Henri).

> *Histoire littéraire du sentiment religieux en France depuis la fin des guerres du religion jusqu'à nos jours,* 10 vol. in-8°. Paris, Bloud et Gay, 1916-1932.

Boutroux (Émile).

> *De la Contingence des lois de la nature.* Paris, Alcan, 4ª éd., 1902.

L'Idée de loi naturelle. Paris, Alcan, 1892.

Poincaré (Henri).

La Science et l'hypothèse. Paris, Flammarion, 1902.

La Valeur de la science. Paris. Flammarion, 1905.

Science et Méthode. Paris, Flammarion, 1908.

Dernières pensées. Paris, Flammarion, 1913.

Duhem.

La Théorie physique. Paris, Chevalier et Rivière, 1906.

Lalande.

Les Illusions évolutionnistes. Paris, Alcan, 1930 (revisión de La Dissolution opposée à l'évolution, 1889).

Meyerson (É.).

Identité et Réalité. Paris, Alcan, 1908.

De l'explication dans les sciences. Paris, Payot, 1921.

Brunschvicg.

Les Etapes de la philosophie mathématique. Paris, Alcan, 1912.

L'Expérience humaine et la causalité physique. Paris, Alcan, 1922.

Le Progrès de la conscience dans la philosophie occidentale. Paris, Alcan, 1927.

Hamelin.

Essai sur les éléments principaux de la représentation. Paris, Alcan, 1907.

Lagneau.

De l'existance de Dieu. Paris, Alcan, 1925.

Bergson (Henri).

Essai sur les données immédiates de la conscience. Paris, Alcan, 1889.

Matière et Mémoire. Paris, Alcan, 1896.

L'Évolution créatrice. Paris, Alcan, 1907.

L'Énergie spirituelle, Paris, Alcan, 1919.

Durée et Simultanéité. Paris, Alcan, 1923.

Les Deux sources de la Morale et de la Religion. Paris, Alcan, 1932.

Le Roy (Édouard).

L'Exigence idéaliste et le fait de l'évolution. Paris, Boivin, 1927.

Les Origines humaines et l'évolution de l'intelligence. Paris, Boivin, 1928.

La Pensée intuitive: I. Au delà du Discours; II. Invention et vérification, 2 vol. in-16. Paris, Boivin, 1929 et 1930.

¤ ¤ ¤

Revue philosophique de la France et de l'étranger, fundada por Ribot en 1876, publicada por Lévy-Bruhl desde 1916, en 8°. Paris, Alcan.

Revue de Métaphysique et de Morale, publicada por Xavier Léon desde 1893, en 8°. Paris, Colin.

Bulletin de la Societé française de Philosophie, aparece desde 1901, en 8°. Paris, Colin.

Revue de Philosophie, publicada por Peillaube desde 1900, en 8°. Paris, Beauchesne.

Journal de Psychologie normale et pathologique, publicado por Janet y Dumas desde 1904, en 8°. Paris, Alcan.

APÉNDICE[133]

12 de abril de 1910

CARTA DE HENRI BERGSON A V. NORSTRÖM[134]

Vila Montmorency, 18 Avenue des Tilleuls Auteuil Paris
12 de abril de 1910

Mi estimado colega,

Muy ocupado estos últimos días, no he podido responder antes su amable carta. Con todo gusto le remitiré la información que me ha pedido. En primer lugar, debo decirle que, en general, el conocimiento de la filosofía está bastante difundido entre nosotros. Quizá usted sabe que, en nuestros establecimientos de enseñanza secundaria, liceos o colegios (lo que corresponde al Gymnasium alemán) hay una clase en la que se pasa un año entero y que lleva el nombre de *Filosofía* porque es de filosofía sobre todo de lo que se ocupa. Esta clase se hace muy seriamente; en ella la enseñanza está dada por profesores que se han dedicado en especial a la filosofía y de los cuales

---

133   Todas las notas a pie de esta sección son de la traducción.

134   *Correspondances*, PUF, Paris, 2002, pp. 346-350. Johan Vitalis Norström (1856-1916), fue un filósofo sueco. En esta carta, Bergson responde al pedido de su interlocutor que solicitaba le presentase un panorama de la filosofía francesa. Traducida al sueco, fue incluida en su libro *Tankar och forsningar* (Stokholm, 1915). Años después, Norström le pidió a Bergson otra exposición sobre un tema afín. Lamentablemente, la nota enviada por este el 5 de mayo de 1913 se ha perdido. Cf. *op. cit.*, pp. 514-515 y 517.

la mayoría también podría enseñar filosofía en una universidad; el programa de los estudios comprende la psicología, la lógica, la moral y la metafísica. No es necesario en Francia, por tanto, haber pasado por una universidad para tener conocimientos filosóficos bastante extensos y precisos; es suficiente haber recibido la enseñanza secundaria, lo que es el caso de la clase media en general. Esta circunstancia, unida al creciente interés que despiertan los problemas sociales, morales y religiosos, explica en parte la intensidad del movimiento filosófico en Francia desde hace un cierto número de años.

He aquí, en este movimiento, las diversas tendencias que se podrían distinguir. Primero, es necesario poner aparte a la psicología, que se ha constituido en ciencia independiente y que no quiere unirse con ningún sistema filosófico. Está representada sobre todo por Ribot, Pierre Janet, Binet, Dumas, etc.; tiene sus revistas especializadas y sus cátedras especiales. Lo que caracteriza a la psicología científica francesa, es que se apoya en especial sobre la patología mientras que la psicología alemana se centra más en las investigaciones de laboratorio y en las mediciones practicadas sobre personalidades normales.

También se podría poner aparte a la sociología, aunque esta sea menos fácil de aislar de la filosofía propiamente dicha. De hecho, nuestros sociólogos pertenecen en su mayoría a una escuela filosófica bien determinada, y son en general positivistas, continuadores de Auguste Comte. Durkheim, Lévy-Bruhl, etc., son verdaderos representantes del comtismo.

Queda, entonces, la filosofía especulativa propiamente dicha; y aquí hay tendencias muy diversas, pero que participan unas de otras en una cierta medida, de modo que las distinciones que voy a establecer serán sin duda demasiado tajantes.

La influencia del kantismo y de la filosofía alemana en general, que había sido considerable durante un determinado número de años, ha disminuido mucho. Sin embargo, un cierto aspecto del kantismo está representado aun en nosotros por Lachelier, un filósofo de primer orden, que ha escrito poco pero que ha contribuido de manera enérgica, por su enseñanza, a propagar un idealismo de inspiración kantiana, modificado en un sentido original. Ha expuesto sus ideas en dos trabajos, reunidos en el mismo volumen y titulados

Du fondement de l'induction y *Psychologie et métaphysique*. En una dirección análoga iba la doctrina de Hamelin, un filósofo que acaba de morir después de haber escrito un notable *Essai sur les éléments principaux de la représentation*, en el que se inspira a la vez de Kant, Hegel y de Renouvier. Este último filósofo (Renouvier), muerto hace algunos años, había ejercido durante una veintena de años una gran influencia, que actualmente tiende a desaparecer. Es el iniciador de un neocriticismo que es un fenómeno de un carácter muy especial y que remonta, más allá de la filosofía kantiana, a Hume y a Berkeley (modificándolos, además, de manera profunda).

Junto a esta tendencia, hay otras cuyo origen es particularmente francés. Creo discernir dos principales.

1° Siempre ha habido matemáticos en Francia, y no es raro que estos matemáticos hayan desarrollado la filosofía de su ciencia, incluso de la ciencia en general. Descartes, en el siglo XVII, Auguste Comte y Cournot han intentado, con menos amplitud, una empresa del mismo género. Hoy, nuestro gran matemático Poincaré, en sus dos volúmenes *Science et hypothèse* y *La valeur de la science*, establece una verdadera crítica del conocimiento científico, del que muestra el carácter simbólico y provisorio. Por una coincidencia notable, otros científicos, por otras consideraciones, llegaban al mismo tiempo a conclusiones similares; hago alusión sobre todo a los trabajos de los matemáticos-físicos Le Roy, Milhaud, Wilbois, etc.

Ya antes, no obstante, un resultado de la misma clase había sido obtenido por un camino por completo diferente, por una especie de confrontación entre la ciencia actual y la filosofía antigua. El que entró en este camino es Ravaisson (muerto en 1900), un espíritu enorme, cuyas tres principales obras, *L'habitude, La métaphysique d'Aristote, La philosophie française du XIXe siècle*, han tenido una considerable influencia. Retomando y renovando el aristotelismo y el neoplatonismo, mostraba en las leyes físicas simples *hábitos de la Naturaleza*, y abría así el camino a una filosofía que tendría estas leyes por contingentes. Tal es la idea expuesta por Boutroux en una obra notable sobre *La contingence des lois de la nature*. Las conclusiones de una crítica como la de Poincaré van muy naturalmente a unirse a esta filosofía.

Usted ve que esta primera tendencia, representada por matemáticos y metafísicos, es un racionalismo ampliado, que apunta a superar el mecanismo científico al reducirlo a un procedimiento de notación más o menos relativo y convencional.

2° Ahora bien, siempre ha habido en Francia otra gran corriente de pensamiento, que se traducía por un llamado al sentimiento inmediato, a la intuición, a la vida interior. Está representada en el siglo XVII por Pascal, en el XVIII por Rousseau, en el XIX por un pensador profundo, poco conocido en el extranjero, Maine de Biran (fallecido en 1824). Es de este lado, o al menos en algo de esta clase, que yo veo, por mi parte, el porvenir de la filosofía. No es que debamos atenernos a Pascal, o a Rousseau, o incluso a Maine de Biran. No han resaltado el carácter *moviente* de la realidad, el *impulso interior* de la vida, y han ignorado lo que hay de esencial en la *duración*. Sobre todo, no han buscado unir la vida interior con la vida en general; no podían hacerlo, puesto que la ciencia biológica no estaba constituida todavía. Pero, ayudándonos hoy con nuestra psicología y con nuestra biología objetivas, y también con la crítica de las otras ciencias así como de sus resultados, debemos volver a un sentimiento interior más profundo, a una intuición más fecunda, y obtener así el medio de trascender las contradicciones y resolver las dificultades que el puro intelectualismo suscita. Yo trabajo, hace una veintena de años, en constituir una filosofía de esta clase. He definido su método e indicado los principales resultados en mi último libro *L'évolution créatrice*. Me parece que la juventud filosófica tiene una tendencia a dirigirse hacia este lado, y que esta manera de ver recluta un número creciente de miembros.

Esta segunda corriente es distinta de la primera, pero podrían juntarse, y tienen incluso puntos comunes, aunque solo fuera su aversión por una filosofía que quiere explicar toda realidad mecánicamente. Por el contrario, no creo que ni una ni otra pueda jamás unirse al sociologismo positivista, que no admite más que la ciencia positiva y consideraría de buena gana a la filosofía especulativa como un retorno a la mentalidad de los pueblos primitivos.

Acabo de indicarle las tendencias generales. Tuve que dejar de lado las *individualidades* que no podrían relacionarse con ninguna de ellas en particular; en primera línea Fouillée, que ha expuesto una doctrina a la vez intelectualista y voluntarista, la de las *ideas-fuerzas*, y la ha aplicado en todos los dominios. Vista la multiplicidad de direcciones en que esta doctrina abre visiones de conjunto, no es más fácil de clasificar en una categoría determinada que lo que sería, por ejemplo, la filosofía de Wundt en Alemania.

Le ruego acepte, mi estimado colega, mis respetuosos saludos.

H. Bergson

2 de octubre de 1915

INFORME SOBRE *LA SCIENCE FRANÇAISE* PUBLICADO POR EL MINISTERIO DE LA INSTRUCCIÓN PÚBLICA

LA CIENCIA FRANCESA
Obra publicada bajo los auspicios del
Ministerio de la instrucción pública
(2 vol. en 8°)

Tengo el honor de presentar a la Academia[135], en nombre de Lucien Poincaré[136], director de la Enseñanza superior, una obra en dos volúmenes titulada: *La science française*. Es una recopilación de treinta y tres presentaciones relativas a las diversas ramas de la ciencia, y escritas por diferentes autores, en vista de la Exposición de San Francisco.

Se sabe que Francia ha aceptado, a pesar de las dificultades del momento presente, participar en esta Exposición. La contribución del Ministerio de la instrucción pública consiste en una biblioteca en la que se encuentran reunidos, como dice Lucien Poincaré, "libros amarillentos por el tiempo y publicaciones cuya tinta está fresca aún, gruesos volúmenes y pequeños opúsculos". Es el pensamiento de todo un pueblo lo que está concentrado ahí. Son, expuestos por sus propios autores, los grandes descubrimientos debidos al genio creador de Francia.

A esta biblioteca el Ministerio ha querido añadir un conjunto de folletos destinados a los visitantes de la Exposición, y de los cuales cada uno presenta un panorama somero del desarrollo que Francia ha dado a tal o cual ciencia particular. Ha recurrido, para redactarlos, a miembros del Instituto, a profesores de la Universidad de París y del Colegio de Francia. Las treinta y tres presentaciones que han salido de esta colaboración constituyen, reunidos, los dos volúmenes de la presente obra: *La science française*.

---

135   Se refiere a la Academia de ciencias morales y políticas.
136   Lucien Poincaré (1862-1920), físico y político francés. Presidió la Dirección de enseñanza superior entre 1914 y 1917.

Es difícil traducir en palabras la impresión que se obtiene de la lectura de estos volúmenes. Cada una de las presentaciones es un resumen de una brevedad extrema, de una aridez deseada, en los que unas veces son descritos en algunas palabras, y en otras simplemente indicados, los descubrimientos debidos a los franceses, en tal o cual ciencia, desde sus orígenes hasta nuestros días. Y, sin embargo, ningún comentario, por elocuente que sea, produciría el efecto de esta simple enumeración.

Porque lo que resalta a las claras es que, en casi todos los órdenes de conocimiento, Francia ha sido la gran iniciadora; que las ideas generales y los métodos fecundos han venido de ella la mayoría de las veces. Echemos un vistazo únicamente a la primera página de cada exposición; comprobamos que, en la mayor parte de los casos, la ciencia de la que se habla ha sido creada por un francés: la filosofía, en el sentido moderno de la palabra, por Descartes, la geometría analítica por Descartes también, la aritmética por Fermat, la hidrostática por Pascal, la química por Lavoisier, la cristalografía por Romé de L'Isle y Haüy, la geología por Palissy, la biología por Lamarck, Cuvier y Étienne Geoffroy Saint-Hilaire, la anatomía general por Bichat, la paleobotánica por Brongniart, la microbiología por Pasteur, la sociología por Comte, la psicología científica por nuestros grandes psiquiatras de la primera mitad del siglo XIX, la indología por Anquetil-Duperron, Chézy, Bournouf, la egiptología por Champollion, etc. Recorramos ahora las últimas páginas, transportémonos de los orígenes de la ciencia a su estado actual. Encontramos que, si no hay ahora en Francia, como en tal otro país, exceso de trabajos de segundo orden, hay más originalidad, más ideas nuevas, sugestivas, fecundas. Además, entre estos dos extremos, a lo largo de la historia de la ciencia, hacemos hallazgos similares. En forma continua nuestra ciencia ha inventado e innovado; con frecuencia es ella la que ha mostrado el camino; ella siempre ha rendido homenaje (a veces demasiado) a la ciencia extranjera; ella ha tenido, como sucede a la fuerza a quien se siente seguro de sí mismo, la modestia y la generosidad. Conmovedora, reconfortante también, es la lectura de este muy simple inventario de la ciencia francesa. La nación que tiene, en el dominio científico como en los demás, tal pasado y tal presente, puede considerar el porvenir con confianza.

H. Bergson

1930-1931

CONVERSACIONES CON BERGSON[137]

"Bergson llama a su esposa quien, a pedido suyo, busca y termina encontrando el folleto [*La filosofía francesa*] todavía adornado con la faja *Acaba de publicarse*. Bergson me refiere las circunstancias: «Era en 1914, unos meses después de la declaración de guerra. Liard[138] me dijo: deberíamos estar en la Exposición de San Francisco. No podemos, pero queremos estar presentes. Probaremos que la guerra no nos impide dedicarnos a las cosas del espíritu. Se acordó con Lucien Poincaré que se enviaría una muestra de lo que Francia había hecho por la ciencia. Se me encomendó la filosofía. Mi exposición debía estar lista la semana siguiente, y debía esforzarme en mostrar que hay caracteres específicos de la filosofía francesa, que está estrechamente unida a la ciencia, que en Francia los científicos son filósofos y los filósofos científicos. Hice lo mejor que pude en el breve lapso de tiempo que se me concedió. [...] Así fui llevado, no contra Alemania, no en un asunto circunstancial, a elaborar el inventario intelectual de Francia, a resaltar su contribución espiritual a lo que la humanidad ha podido hacer»".

"Prosigue [Bergson]: «Me han pedido que revise, en vista de una nueva edición, mi pequeña obra sobre *La filosofía francesa*, y he confiado este trabajo a Édouard Le Roy. Fue Liard quien me lo pidió en plena guerra, para una exposición del libro francés en Estados Unidos, en Chicago creo o quizá en San Francisco. Tenía que hacerlo en ocho días, entre dos sesiones en el Instituto. Si no lo entregué el sábado siguiente, fue unos pocos días después. No tuve tiempo de consultar nada. Incluso olvidé mencionar a Cousin; cuando se me indicó esta omisión, rogué tan solo que se mencionase la primera edición de su libro sobre *lo verdadero, lo bello y el bien*, que es más completa y menos edulcorada. Me escogieron las láminas, de las que

---

137 Los dos fragmentos están tomados de la obra de Jacques Chevalier, *Entretiens avec Bergson*, Plon, Paris, 1959. Corresponden a los días 5 de enero de 1930 y 31 de octubre de 1931 (pp. 112 y 143-144).

138 Se refiere a Louis Liard (1846-1917), filósofo francés que en 1914 desempeñó el cargo de ministro de la Instrucción pública.

el retrato de Renouvier no era necesario, después de los de Descartes, Pascal y Malebranche. Se compuso la bibliografía de manera extraña, con ediciones tomadas al azar. Yo mismo, para mencionar los nombres de los filósofos contemporáneos, tuve que recurrir a las listas de Alcan, siempre incompletas, y que completé con ayuda de mis recuerdos; pero olvidé nombres, y algunos se sintieron heridos en su amor propio, al punto que no me lo perdonaron jamás. Y eso, aunque había estallado la guerra, en la que la suerte del país estaba en juego... Pero, sin duda lo sabe, el primer movimiento de un autor, cuando recibe un libro, es buscar en el índice si se lo menciona»".

ALGUNAS PALABRAS SOBRE LA FILOSOFÍA FRANCESA
Y SOBRE EL ESPÍRITU FRANCÉS

(Conversaciones filosóficas, Conferencias radiofónicas
de la estación nacional Radio-Paris,
Impresión, 111, rue du Mont-Cenis, Paris, 1934, pp. 5-9)

Quisiera, en primer lugar, agradecer al Sr. ministro Mallarmé[139] por el honor que me ha concedido al invitarme a abrir esta serie de conversaciones en las que serán abordadas las cuestiones más elevadas de la filosofía y de la ciencia. Estas dos actividades, ciencia y filosofía, se han asociado siempre en Francia. Y es el rasgo característico de la filosofía francesa. En otros lugares, tal gran filósofo ha podido hacer un descubrimiento matemático, tal gran biólogo ha podido ser filósofo por añadidura; pero el encuentro de las dos aptitudes, o de los dos hábitos, o de las dos actitudes, ha sido un hecho accidental. En Francia, siempre fue la regla. Desde Descartes, inventor de la geometría moderna al mismo tiempo que creador de la filosofía moderna; desde Pascal, igual a los más grandes geómetras y que habría podido ser, si hubiese querido, el más grande de todos, hasta Claude Bernard y Henri Poincaré, pasando por d'Alembert, Lamarck, Bonnet, Bichat, Laplace, Ampère, Sadi-Carnot, Geoffroy Saint-Hilaire, Cuvier y tantos otros, todos los científicos franceses han aportado su contribución a la filosofía francesa, a la que han hecho así continua e indefinidamente creadora. De manera recíproca, los filósofos de profesión, los metafísicos, aquellos incluso que han promovido la intuición pura y que han ido a buscar en el fondo de sí mismos, más allá de sí mismos, el principio de la vida y del pensamiento, ellos también han querido asegurarse los medios de verificación y efectuar alrededor del problema, antes de tratarlo por la filosofía pura, todo un trabajo de circunvalación científica. Este es el rasgo esencial de la filosofía francesa. Carece de gran construcción sistemática, la

---

139 André Mallarmé (1877-1956), político francés, ministro de la Educación nacional desde el 8 de noviembre de 1934 al 1° de junio de 1935, bajo el gobierno de P.-E. Flandin.

que es siempre frágil y, en el fondo, siempre fácil, porque nada es más fácil que ir hasta el extremo de una idea; la dificultad es saber dónde detenerse. La filosofía francesa se detiene. Su alianza constante con la ciencia positiva, alianza que la distingue de las otras filosofías y que bastaría por consiguiente para definirla, le ha dado siempre el sentido de la medida y el interés por la comprobación. Así que, para caracterizarla, este rasgo bastaría.

Todavía hay otro: la simplicidad de la forma. Si se deja de lado, en la segunda mitad del siglo diecinueve, un período durante el cual un pequeño número de pensadores, padeciendo una influencia extranjera, se desvían a veces de la claridad tradicional, se puede decir que la filosofía francesa se ha regulado siempre sobre el siguiente principio: no hay idea filosófica, por profunda o sutil que sea, que no pueda y no deba expresarse en la lengua de todo el mundo. Se trata, desde luego, de las ideas filosóficas más altas. Para preparar estas soluciones de los grandes problemas es necesario, evidentemente, investigaciones especiales en las que toda una técnica, toda una terminología, científica y filosófica, se impone. Pero se debe poder renunciar a eso cada vez más a medida que se sube más alto, y todo se aclara sobre las cumbres. Tal es el ejemplo que nos han dado nuestros mejores filósofos. Precisamente porque se han impuesto expresar en el idioma común un pensamiento que no tenía nada de común, han incrementado mucho la fuerza y la flexibilidad de la lengua francesa. Pero, en grados diferentes, casi todos han tenido este don, porque han querido tenerlo. En síntesis, la necesidad de resolver su pensamiento en elementos claros y distintos, que encuentran su medio de expresión en el vocabulario usual, es característico de los pensadores franceses desde el origen.

Tales son los dos rasgos visibles del pensamiento francés: claro y simple en cuanto a la forma, cercano a la realidad observable en cuanto al fondo. Estos rasgos le componen un rostro que el mundo conoce bien. ¿Pero no habría otra cosa detrás? Así lo creo, y es por no haberlo visto que no se hace siempre plena justicia a Francia.

Nos complace, en efecto, elogiar la claridad del pensamiento francés, y su precisión (sin percatarse, es cierto, de que en el dominio del espíritu la precisión es siempre el signo exterior de la fuerza), pero se añade que en razón misma de su voluntad de precisión y de claridad, se atiene a la lógica artificial del espíritu sin penetrar en la lógica de las cosas, tan diferente, muy a menudo, de la nuestra. Es necesario al pensamiento francés, se dice, lo definido y lo ya hecho; se aparta del *devenir* y no tiene en cuenta lo suficiente el carácter moviente y cambiante de la experiencia. De ahí a acusarnos de un conservadurismo un poco estrecho, y mezquino, solo hay un paso. Sobre todo, apegados a la fría lógica, omitiríamos la emoción, por la que el alma restablece el contacto con las fuerzas oscuras que trabajan en las profundidades de la naturaleza, de la vida y también de las sociedades. En pocas palabras, careceríamos de dinamismo (una palabra de la que se abusa en forma extraña hoy en día; cuando vean «dinamismo» surgir durante una exposición filosófica que había estado bien hasta ese momento, díganse que esto va a echarse a perder. Dicho sea de paso, casi todas las palabras en *ismo* son deficientes. Son vagas; son engañosas; siembran la división entre los hombres. Por desgracia, yo mismo me he servido de una y me sirvo de ella todavía. ¡Son tan cómodas! Por eso no pido que se las condene a muerte. Pero si les tocara, en alguna epidemia... verbal, morir todas juntas de muerte natural, no derramaría una lágrima de pesar). Pero volvamos a nuestro tema. Así que careceríamos de dinamismo. Esto se vería en la política francesa, en la literatura francesa, por encima de todo en los filósofos franceses, que expresarían la esencia misma de la intelectualidad francesa.

Este juicio se explica en una cierta medida. Se refiere a lo que hay de más manifiesto en algunas obras francesas, y en particular a los autores más fácilmente traducibles a lenguas extranjeras. Pero primero, no se destaca lo suficiente –y nosotros mismos no hemos destacado lo suficiente– que el pensamiento francés, en sus diversos períodos, se ha encarnado por lo general en autores que van en grupos de a dos, y que, en cada una de estas parejas, uno de los dos autores parece haberse atenido a la más pura intelectualidad, mientras que el otro está más cargado de emoción y de intuición. Es así que hemos tenido al lado de Descartes a Pascal; al lado de Bossuet a Fénelon; al lado de Voltaire a Rousseau; al lado de Auguste Comte a Maine de Biran. Solo –para tomar este ejemplo– la música creadora de pensamiento que estuvo en el alma y en la frase de Rousseau es intraducible, mientras que se puede traducir a Voltaire. Por eso, a los ojos del mundo, Francia es Voltaire, y no Rousseau. Sería necesario, sin embargo, tener en cuenta también a la segunda figura, si avanzan en grupos de a dos. Pero admitamos incluso que solo nos ocupamos del primero, que nos fijamos con exclusividad en las cualidades de precisión, de claridad, de orden y de medida que todo el mundo reconoce; aún se deberá tomarlas con lo que las sostiene y las mantiene. Ahora bien, si se estudian con atención estas cualidades intelectuales bien evidentes, se encontrarán, la mayoría de las veces, cualidades morales. Aquellas, intelectuales, se manifiestan por obras lanzadas a la circulación; son los billetes de banco. Estas, morales, son el oro que ha permanecido en la caja y que da a los billetes su valor.

Ya en este hábito que Descartes ha tomado, y que nos ha transmitido, de escribir en una lengua accesible para todos, veo el derecho conferido a todos de asociarse a las más elevadas especulaciones del filósofo, veo la virtud que Descartes colocaba en el origen de todas las otras virtudes y que llamaba generosidad. Pero ¿cuál es aquella de las grandes manifestaciones del espíritu francés de la que no se podría decir que lo que fue, afuera, luz, era, adentro, calor? La tolerancia que Francia ha inscrito en sus leyes y que ha enseñado a las naciones, ella ha debido su revelación a una fe joven y ardiente. Las fórmulas más sabias, las más medidas, las más razonables del derecho y de la igualdad, es en un momento de entusiasmo que le han subido del corazón a los labios. No lo dudamos; es a este calor, a esta energía de potencia siempre presente, que espera su momento, que se debe la expansión de la civilización francesa. Hace unos días, un inglés, el profesor Mowat, de la Universidad de Bristol, escribía en la revista *L'esprit internacional*: "Se puede afirmar que ser francés no significa pertenecer a una raza, sino a una civilización; la civilización francesa es la esencia del pueblo francés. Esta civilización constituye el principio de asimilación más poderoso que existe en el mundo"[140]. Esto es lo que nos dice un escritor inglés. Y esto es lo que es preciso que nos digamos a nosotros mismos hoy, sin orgullo, sin vanidad, pero sin exageración de modestia. Nuestros amigos extranjeros saben bien que consideramos toda nacionalidad verdadera, digna de este nombre, como debiendo ser respetada e incluso,

---

140   R. B. Mowat, "La crise des élites", *L'esprit international*, VIII, 30, 1934, p. 250.

si es posible, amada, por cualidades que le son propias y que son, además, su razón de ser; una nación es una misión. Pero, justamente por eso, podemos recordarnos lo que somos; y lo debemos, en un momento en el que se correría el riesgo de debilitarse la confianza que tenemos el derecho de tener en nosotros mismos. Atravesamos, con el mundo entero, una grave crisis. Tendremos que hacer un gran esfuerzo. Lo haremos, de todas maneras. Pero lo haremos más fácilmente, y con alegría, si tenemos los ojos fijos sobre el alma de Francia, sobre su nobleza, que no dejaremos mancillar, sobre las alturas a las que nos ha llevado y de donde podremos, si queremos, lanzarnos aún más alto. Esto es lo que tenía para decir, puesto que se me ofrecía la oportunidad. Y ahora he terminado, muy feliz de haber podido al final de mi carrera, antes de irme, expresar a Francia, a esta madre bienhechora cuyo pensamiento ha alimentado mi pensamiento y a la que debo todo, mi amor, mi admiración, y mi ferviente reconocimiento.

Henri Bergson
de la Academia Francesa

Junio de 1937

MENSAJE AL CONGRESO DESCARTES[141]
SE DEBE ACTUAR COMO HOMBRE DE PENSAMIENTO Y
PENSAR COMO HOMBRE DE ACCIÓN

Presidente honorario del Congreso internacional de filosofía, Henri Bergson, impedido de unirse a los congresistas, pero de corazón con ellos, comunicó a Émile Bréhier, presidente del comité de organización, este texto que coloca al congreso bajo la invocación de Descartes.

Tengo la edad suficiente para haber encontrado, no siendo ya tan joven, a mi estimado y admirable Xavier Léon, cuando fundó el Congreso de Filosofía en el marco de la exposición internacional universal de 1900. A algunos les asombró que incluyera entre las herramientas, las máquinas y otros productos materiales de la civilización, una exhibición del pensamiento mundial bajo sus formas más abstractas y elevadas. En verdad, Xavier Léon debió presentir lo que luego se demostró tan bien: que nuestros descubrimientos e invenciones más maravillosos se volverán en nuestra contra si no sabemos dominarlos; que el crecimiento del cuerpo de la humanidad la hará simplemente incapaz de caminar, si no se le une un excedente de energía moral para avanzar e incluso para sostenerse. Los problemas políticos, económicos, sociales e internacionales que se plantean hoy, no hacen más que traducir, cada uno a su manera, esta desproporción monstruosa entre el cuerpo y el alma del género humano; puesto que el alma no supo dilatarse a su vez y se balancea en el interior de un cuerpo que le queda grande. Para restablecer el equilibrio, nuestra filosofía no bastará ciertamente; será necesaria una voluntad tensada con todas sus fuerzas. También será necesaria la experimentación, individual y colectiva, pues es la única que revela las imprevisibles consecuencias de una decisión, y traza de ese modo la distinción de lo posible y de lo imposible. Pero la voluntad fuerte y buena existe, por fortuna, en un gran número de personas. En cuanto a la experimentación, se practica ante nosotros bajo forma de regímenes polí-

---

141 Este congreso, que tuvo lugar en Paris en 1937, fue el IX Congreso internacional de filosofía. En él se celebraba el tricentenario de la publicación del *Discurso del método*.

ticos y de organizaciones sociales de los que no vemos más que los antagonismos, aunque después encontraremos que han colaborado en una única y misma gran experiencia. Si la filosofía aparece luego para dar a todos la plena conciencia de su movimiento, para facilitar los análisis y sugerir las síntesis, una nueva era podrá abrirse en la historia de la humanidad. Por mi parte, veo que la máquina agrava primero la desigualdad entre los hombres, pero después se conforma con un trabajo humano tan reducido, para una producción material tan abundante, que todos tendrán el tiempo para dedicarse a las ocupaciones más nobles del espíritu: letras y ciencias, artes, filosofía. Sobre todos entonces, igualmente bien equipados al principio, y no solo sobre aquellos que hayan designado las circunstancias, se ejercerá en el camino la selección que proporciona las élites. En número, y sobre todo en valor, las élites serán reforzadas. Esto podría ser una transfiguración de la humanidad. La célebre elegía de Thomas Gray, en la que llora en un cementerio de la campiña al gran hombre que quizás esté enterrado ahí, no correspondería más a nada[142]. Tales son algunas de las reflexiones –utopías o paradojas hoy, banalidades quizá mañana– que despertarán en los filósofos, la inclusión de un congreso filosófico en una Exposición universal.

Serán reforzadas, si consideramos que nuestro congreso se encuentra bajo la invocación de Descartes. Sin duda, Descartes fue el genio mismo de la especulación. Espíritu coextensivo al universo, ha remodelado el pensamiento humano. Ha creado por completo, o casi, una matemática a la que un matemático ha podido aplicar sin demasiada exageración la frase del poeta latino: "un niño nacido sin madre", *proles sine matre creata*[143]. El *Discurso del método* es el análisis y el comentario de esta matemática maravillosa, o más bien de una ciencia similar, capaz de abrazar todo. Ha creado el ideal de la física, trazando las grandes líneas de un mecanismo universal. Ha creado un espiritualismo que debía servir después de modelo porque no retrocedía ante las separaciones netas, porque afirmaba audazmente la coexistencia del alma con el cuerpo, del pensamiento con la extensión, de la libertad con la necesidad y del mundo con Dios. Ha creado la metafísica moderna, lanzando los espíritus sobre

---

142 Se refiere al poema "Elegy written in a country churchyard", escrito por Thomas Gray y publicado en 1751.

143 Cf. la nota 11 de "La filosofía francesa".

el camino de un idealismo en el que él mismo ha querido detenerse en un punto intermedio, pero en el que otros han continuado hasta el final. Ha creado un ideal de educación que no deberíamos perder de vista jamás, y que consistiría en la sustitución completa de la razón a la memoria, con la idea implícita de que el verdadero conocimiento tiene menos relación con una información superficialmente enciclopédica, que con una ignorancia consciente de sí misma, acompañada de la resolución de saber. Ha creado, en especial para el *Discurso del método*, la forma que debía adoptar luego la filosofía francesa, renunciando a hablar latín para comunicarse, generosa, a todos. La virtud por excelencia era, en efecto, a los ojos de Descartes, la generosidad. Evitando, además, tanto como era posible, los términos que almacenan ideas ya hechas, y obligando entonces a las palabras usuales a adoptar bastante flexibilidad, a entrelazarse con suficiente sabiduría, para incluir pensamientos nuevos, él invitaba a inventar, al mismo tiempo que sugería al filósofo volverse, por la virtud del esfuerzo, un poco lo que él mismo era por la gracia de su genio, un escritor. Por encima de todo, ha creado una actitud de espíritu que debía imponerse tanto a la filosofía como a la ciencia: una reforma arrogante, quizá orgullosa, del pensamiento, frente a la naturaleza y a la tradición, una inflexible voluntad de independencia, una confianza ilimitada en el poder de la inteligencia. Por último, ha creado en el dominio especulativo la necesidad de crear, en particular de engendrar con el pensamiento el objeto a estudiar, en lugar de aceptarlo ya hecho (su geometría analítica no es otra cosa), y es eso lo que da a su doctrina, sistematizada de maneras diferentes por los distintos historiadores, una unidad que sería difícil de precisar más. Porque esta doctrina, citada a veces como el tipo mismo de la filosofía deductiva, es intuitiva esencialmente; intuitiva en sentido cartesiano, que es cercano al sentido usual, pero intuitiva también en el sentido en que algunos toman la palabra hoy, puesto que Descartes ha hablado, sin darle un nombre, de un conocimiento que se adquiere "absteniéndose de meditar", "sirviéndose solamente de la vida"[144]. Tal sería, según una de sus cartas a la princesa Isabel, nuestro conocimiento de la unión del alma con el cuerpo. Resumamos, por tanto, en dos palabras: a Descartes remonta, directa o indirectamente, toda filosofía. Los que no lo han leído con atención podrían juzgar así

---

144 Carta de Descartes a la princesa Isabel de Bohemia (28 de junio de 1643).

que este puro espíritu (como lo llamaba irónicamente Gassendi[145]) se habría interesado muy poco, por ejemplo, en una exposición como la nuestra. Yo estimo, por mi parte, que se hubiese paseado por allí con entusiasmo. Porque a la filosofía y a la ciencia, que confundía juntas en una especie de conocimiento universal, asignaba por objeto "volvernos amos y dueños de la naturaleza"[146], haciendo sin duda alusión sobre todo al estudio de la vida y en particular a la medicina, pero representándose esta investigación de tal manera que nuestra física y nuestra mecánica estuviesen presupuestas en ella. Algunos comentaristas recientes han podido ir muy lejos y sostener que, en Descartes, la teoría estaba subordinada a la aplicación. "La física de Aristóteles, ha dicho uno de ellos, es una física de artista; la de Descartes, una física de ingeniero"[147]. ¿Es esto completamente exacto? Respondería sí, y sin embargo no. No, ciertamente, si el objeto último debiese ser el confort, el bienestar, o incluso la prolongación de vida que la filosofía nos traerá, según Descartes, por intermedio de una biología reducida a la física y a la mecánica. Sí, por el contrario, si se considera que además de su utilidad material, las aplicaciones de la ciencia son otros tantos éxitos por los que nos demostramos a nosotros mismos nuestra fuerza, y afirmamos nuestra independencia, incluso nuestra soberanía. Hizo tabla rasa del aristotelismo y, por consiguiente, del método que procede por uso de conceptos preexistentes; los elementos nuevos sobre los que operará deberán ser "ideas claras y distintas". Pero ¿en qué se reconocerá la claridad que no es artificial o accidental, y la distinción que no depende de un recorte arbitrario de la experiencia? Necesariamente en la eficacia, o más bien, tomando la palabra francesa en su sentido inglés, en la "eficiencia". De manera que la filosofía que engloba a la ciencia nos hará poco a poco amos de la naturaleza, y este dominio, a medida de su progreso, proporcionará una materia cada vez más completa para la especulación filosófica. Teoría y aplicación se condicionarán así de manera recíproca en lo que se podría llamar, desde un cierto punto de vista y en una cierta medida, un pragmatismo metafísico.

---

145 Cf. *Ve Objections contre les Méditations métaphysiques*.

146 *Discurso del método*, VI.

147 Cf. L. Laberthonnière, *Études sur Descartes*, Vrin, Paris, 1935, volumen 2, pp. 288-289.

LA FILOSOFÍA FRANCESA